GUIDE RH POUR DIRE CE QU'ON PENSE RÉELLEMENT

UPGRADED BOOKS

Copyright © 2025 par Upgraded Books

Tous droits réservés.

Aucune partie de ce livre ne peut être reproduite sous quelque forme ou par quelque moyen électronique ou mécanique que ce soit, y compris les systèmes de stockage et de récupération d'informations, sans l'autorisation écrite de l'auteur, à l'exception de l'utilisation de courtes citations dans une critique de livre.

NOTE DES RESSOURCES HUMAINES

À notre employé(e) dévoué(e),

Au service des Ressources Humaines, nous nous soucions profondément de votre bien-être mental (et, soyons honnêtes, nous aimerions aussi éviter un taux de rotation élevé du personnel, si possible). Je sais que travailler ici comporte son lot de défis, alors en guise de petit geste de soutien, nous vous offrons ce livre pour vous aider pendant ces moments inévitables où vous aurez l'impression de devoir simplement évacuer votre stress.

Considérez ce livre comme un espace sûr pour les choses que vous voulez vraiment dire (hurler ?) – mais que vous ne devriez probablement pas. À l'intérieur, vous trouverez des alternatives approuvées par les RH qui vous permettront de conserver votre emploi (espérons-le), de projeter une image de professionnalisme, et d'éviter toute réunion gênante avec nous – même si nous adorons vous voir ! Enfin, après un café ou deux... et selon notre humeur ce jour-là.

Profitez-en, riez, et tournez-vous vers ces pages aussi souvent que nécessaire pour maintenir un esprit à peu près sain.

Bonne lecture,

Karen des Ressources Humaines

1

1 : JE VAIS CONSULTER MON ÉQUIPE ET JE REVIENS VERS VOUS

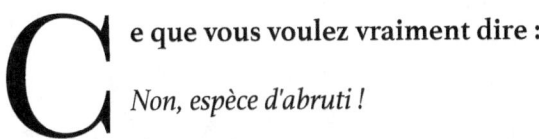

Ce que vous voulez vraiment dire :

Non, espèce d'abruti !

Alternative approuvée par les RH :

Je vais consulter mon équipe et je reviens vers vous.

Scénario :

C'est vendredi, 16 h 57. Vous avez déjà mentalement terminé votre journée. Votre sac est prêt, votre manteau est sur le dossier de votre chaise, et la seule chose qui vous sépare d'un week-end bien mérité est de cliquer sur *Éteindre* sur votre ordinateur portable.

. . .

C'est à ce moment-là que sonne l'alerte d'un e-mail.

Oh non !

Vous jetez un coup d'œil à l'expéditeur. C'est Jax de la direction. Cet homme n'a jamais répondu à un e-mail à temps *de sa vie*, et pourtant, il a choisi précisément ce moment – trois minutes avant le week-end – pour gâcher la vôtre.

Vous hésitez. Peut-être que si vous ne l'ouvrez pas, il n'existe pas.

La notification apparaît à nouveau, cependant. Eh oui, c'est bien Jax :

— Salut, y a-t-il une chance que tu puisses préparer rapidement une analyse des tendances du marché pour la réunion de direction de lundi ? Ça ne devrait pas prendre longtemps – juste besoin de quelques diapositives avec des informations clés. Merci !

. . .

Ça ne devrait pas prendre longtemps ? C'est un rapport de données de 30 pages sur un projet auquel vous n'avez même pas participé. Jax, bien sûr, était impliqué mais a passé chaque réunion à hocher la tête et à ajouter « Je lance juste une idée... » avant de dire quelque chose de complètement inutile.

Vous fixez l'e-mail, la rage bouillonnant en vous. Vos doigts planent au-dessus du clavier avec la forte tentation de taper :

NON, ESPÈCE D'ABRUTI !

Vous pourriez même vouloir ajouter : *Est-ce que j'ai l'air d'une fée PowerPoint capable de faire apparaître une analyse de données comme par magie ? C'est vendredi, Jax ! RENTRE CHEZ TOI.*

Mais vous aimez avoir un emploi, alors vous inspirez... expirez... et tapez :

. . .

— Je vais consulter mon équipe et je reviens vers vous.

Dans votre tête ? Je ne vérifierai absolument pas avec mon équipe. Mon équipe est déjà à l'happy hour. Mon équipe en est à sa troisième margarita. Mon équipe n'existe pas en ce moment.

Jax répond immédiatement :

— Oh super, j'apprécie vraiment ! Bon week-end !

Vous fixez l'écran.

Oh, je vais passer un bon week-end. Parce que je ne ferai pas cette présentation avant lundi matin à exactement 8 h 59.

Vous fermez votre ordinateur portable.

Les margaritas vous appellent.

2

2 : DANS UN SOUCI DE TRANSPARENCE

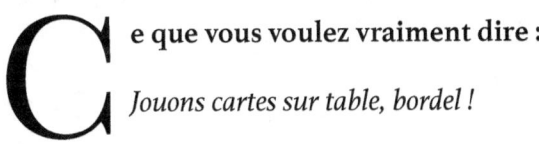

Ce que vous voulez vraiment dire :

Jouons cartes sur table, bordel !

Alternative approuvée par les RH :

Dans un souci de transparence...

Scénario :

C'est lundi matin, et vous assistez à une énième réunion très importante qui aurait pu être à 100 % expliquée dans un simple e-mail. Le sujet ? Pourquoi le déploiement du nouveau système d'inventaire a pris du retard.

. . .

La raison ? Oh, tout le monde dans la salle la connaît déjà, mais personne n'est prêt à la dire à voix haute.

Votre chef de projet, Karen (qui a obtenu ce poste de direction sans jamais avoir réellement dirigé quoi que ce soit), s'éclaircit la gorge et commence :

— Alors, équipe… quelqu'un a des idées sur la raison de ces retards ?

Il y a un silence et des regards gênés, mais personne ne répond.

Vous regardez autour de vous. Oh, nous *savons tous* pourquoi.

C'est peut-être parce que le projet a été confié à Dave, dont l'éthique de travail est aussi douteuse que l'historique de son navigateur. Peut-être parce que la direction a changé le périmètre du projet cinq fois au cours des deux dernières semaines. Ou peut-être, juste peut-être, parce que Karen elle-même a passé trois semaines à « réfléchir » à une décision qui aurait dû prendre cinq minutes.

Votre patience s'épuise. Chaque fibre de votre corps veut taper des poings sur la table et crier :

— Mettons cartes sur table, bordel !

Mais l'étiquette de l'entreprise exige quelque chose de... plus doux. Alors, à la place, votre visage prend une expression disant « je-m'intéresse-vraiment-à-tout-ça » et vous dites :

— Dans un souci de transparence, je pense qu'il serait utile d'aborder certains des défis récurrents auxquels nous sommes confrontés.

3

3. PRENONS UN PEU DE RECUL

Ce que vous voulez vraiment dire :

Je n'ai absolument aucune idée de ce dont je parle.

Alternative approuvée par les RH :

Prenons un peu de recul.

Scénario :

Vous êtes dans une réunion pour laquelle vous auriez définitivement dû vous préparer.

. . .

Oui mais voilà, l'invitation a été envoyée hier soir à 22 heures sans aucun contexte.

Oui mais voilà, le sujet a changé trois fois, et personne ne sait ce qui est réellement discuté.

Ou alors – juste alors – vous vous en fichez complètement.

Quoi qu'il en soit, vous êtes là à hocher la tête comme si vous compreniez, en espérant que personne ne vous pose de question directe.

Et puis ça arrive.

Votre superviseure, Linda, se tourne vers vous et demande :

— Alors, Ruth, que pensez-vous de l'exploitation des solutions évolutives ?

. . .

Votre âme quitte votre corps.

Linda aurait tout aussi bien pu vous demander d'expliquer la physique quantique en swahili.

Vous pourriez avoir des semaines pour vous préparer et vous ne comprendriez toujours pas de quoi il s'agit.

Mais maintenant ? Maintenant, vous n'avez rien.

Aucune idée. Aucune stratégie. Aucun plan.

Juste une panique pure et non filtrée.

Vous commencez à baragouiner, sachant très bien que vous racontez n'importe quoi, et la moitié des personnes dans la salle le savent aussi.

Puis Melissa, voulant vous prendre en flagrant délit de mensonge, vous met sur la sellette :

. . .

— C'est intéressant. Pourriez-vous développer davantage la dernière partie ?

Vous envisagez brièvement d'être honnête et de dire :

« Je n'ai absolument aucune idée de ce dont je parle. »

Mais vous aimez aussi des choses comme, disons, pouvoir acheter de la nourriture pour votre famille et payer votre loyer.

Alors à la place, vous inspirez, joignez vos mains comme si vous aviez totalement la situation sous contrôle, et dites :

— Prenons un peu de recul et réfléchissons vraiment aux implications de l'exploitation des solutions évolutives. Je reviendrai vers vous après avoir consulté les principales parties prenantes.

Votre superviseure et tous les autres participants à la

réunion hochent pensivement la tête, et mentalement, vous vous donnez une tape sur l'épaule.

Vous vivrez pour pouvoir lutter un jour de plus.

4

4. AVEC TOUT LE RESPECT QUE JE VOUS DOIS

Ce que vous voulez vraiment dire :

Va te faire voir, imbécile !

Alternative approuvée par les RH :

Avec tout le respect que je vous dois.

Scénario :

C'est un mardi après-midi ordinaire, et vous essayez simplement de vous occuper de vos affaires – peut-être de vous mettre à jour avec vos e-mails, ou faire semblant de travailler tout en faisant défiler votre téléphone.

. . .

Maintenir une vie paisible, vous voyez ?

Puis, sans crier gare, une notification apparaît sur votre écran.

C'est Chad du Marketing.

Chad, dont le travail semble consister à ne faire absolument rien jusqu'à la dernière minute pour ensuite, comme par magie, transformer tout pour que cela devienne votre problème.

Voici ce qu'il a à dire :

Saluuut, petit truc rapide !

Peux-tu refaire rapidement tous les graphiques pour la campagne de médias sociaux ? Le client a envoyé de nouvelles directives de marque il y a deux semaines, et j'ai complètement oublié de te le dire. Désolé ! Mais je leur ai déjà dit qu'on aurait les designs mis à jour d'ici la fin de la journée, alors il vaudrait mieux respecter cette échéance.

Merci !

Vous clignez des yeux.

Il y a deux semaines ?

La campagne que vous avez passé des *heures* à perfectionner ?

Celle que Chad était censé réviser, mais il a plutôt passé ce temps à débattre passionnément la question de savoir si un hot-dog est un sandwich ?

Vous regardez l'heure. Il est 16 h 45.

Votre main tressaille.

. . .

Vous êtes soudainement pris d'une envie irrésistible de taper :

« *Va te faire voir, imbécile !* » Peut-être saupoudré de « *Et emporte tes compétences marketing inutiles avec toi !* »

Mais malheureusement, les RH ont cette étrange politique de « ne pas agresser verbalement ses collègues ».

Alors, à la place, vous inspirez lentement, expirez encore plus lentement, et tapez :

« Avec tout le respect que je te dois, Chad, c'est la première fois que j'entends parler de cette demande. Compte tenu du délai, je ne serai peut-être pas en mesure de m'en occuper. »

Ce qui, bien sûr, se traduit par : *Tu as eu ces nouvelles directives de marque depuis deux semaines, Chad. DEUX SEMAINES ! Et au lieu de me le dire à un moment normal et raisonnable comme un adulte compétent, tu as attendu jusqu'à la toute dernière seconde pour en faire MON problème. Je vais maintenant t'ignorer jusqu'à nouvel ordre.*

Chad, étant Chad, ne remarque pas du tout l'agressivité passive et répond :

« Oh, tu es le meilleur ! Je t'en suis reconnaissant ! »

Vous fixez l'écran.

Une rage profonde et sombre s'agite en vous, et vous fermez votre ordinateur portable, en pensant à quel point vous avez besoin d'un verre.

5. JE TE TIENDRAI AU COURANT

Ce que vous voulez vraiment dire :

Arrête de m'embêter tout le temps.

Alternative approuvée par les RH :

Je te tiendrai au courant.

Scénario :

C'est le milieu de la journée, et vous êtes enfin dans votre zone de productivité. Votre boîte de réception est (plus ou moins) sous contrôle, vous avez terminé quelques tâches, et pour la première fois de la journée, vous vous sentez modérément productif ou productive.

Vous pensez que peut-être, juste peut-être, vous allez passer l'après-midi sans interruption.

Puis, Lisa de la comptabilité vous envoie un message :

« Salut, je vérifie juste où en sont les projections budgétaires mises à jour ! »

Vous regardez l'heure. Cela fait 45 minutes qu'elle vous a posé la question. Et non, la réponse n'a pas changé depuis.

Alors, vous faites preuve de maturité en l'ignorant.

Cinq minutes passent, et... c'est Lisa :

« Salut, je reviens juste sur ce point ! »

Vous vous massez les tempes. Revenir sur ce point ? Lisa n'a rien sur quoi revenir. Le point n'a même pas été abordé parce que l'équipe financière ne vous a pas encore envoyé les chiffres !

. . .

Vous respirez profondément, en pensant que si vous ne répondez pas, elle comprendra le message.

Mais trois minutes plus tard ? Lisa revient à la charge.

« Je ne suis pas sûre que mon dernier message soit passé ! Je fais juste un suivi ! »

Votre œil tressaute et votre mâchoire se crispe. Vous comprenez maintenant pourquoi certaines personnes quittent leur emploi pour aller vivre au fin fond des bois.

Ce que vous voulez dire ? « ARRÊTE DE M'EMBÊTER TOUT LE TEMPS. »

En complément ?

« Lisa, si j'avais les chiffres, tu le saurais. Parce que je te les aurais envoyés. Dans un e-mail. Avec un tableur. Et un objet qui dirait "PROJECTIONS BUDGÉTAIRES MISES À JOUR". »

. . .

Mais à la place, vous tapez simplement :

« Je te tiendrai au courant. »

Et Lisa, ne saisissant pas du tout l'allusion, répond immédiatement :

« Super, merci !! Tiens-moi au courant si tu as des nouvelles ! »

Vous restez là à penser, *Idiote* ! Mais bon, au moins vous avez gagné un peu de temps !

6. NOUS ALLONS RATIONALISER LES CHOSES

Ce que vous voulez vraiment dire :

Il est temps de faire que ceci soit à l'épreuve des imbéciles parce que vous n'arrêtez pas de tout gâcher.

Alternative approuvée par les RH :

Nous allons rationaliser les choses.

Scénario :

Cela fait des semaines. Des semaines que vous essayez de corriger la même erreur encore et encore.

. . .

Vous l'avez expliqué lors de réunions, vous avez envoyé des e-mails détaillés étape par étape, et pour une raison quelconque, vous avez même créé une vidéo tutorielle rapide parce que vous pensiez : *Tiens, peut-être que voir la procédure en action pourrait aider.*

Mais vous y voilà, encore une fois.

Kyle du service Marketing est de retour.

Et, sans grande surprise : il a réussi à foirer la même chose pour la énième fois.

C'est Kyle, après tout, le type qui a réussi à transformer un simple processus de trois étapes en une catastrophe d'entreprise permanente. Kyle, qui trouve de nouvelles façons de rater la même tâche à chaque fois.

Aujourd'hui ? Il s'agit de soumettre des rapports. *Encore.*

. . .

Kyle : Salut ! Je crois que le système ne fonctionne pas.

Vous savez déjà où cela va mener, mais comme un adulte responsable, vous demandez quand même.

Peut-être, juste peut-être que cette fois, Kyle va comprendre.

Vous : Quel est le problème ?

Kyle : Je n'arrive pas à soumettre mon rapport.

Vous prenez une profonde inspiration, vous vous préparez mentalement au pire, et vous répondez :

Vous : Avez-vous suivi les étapes que je vous ai envoyées ?

Kyle : Oui !

. . .

Vous : Toutes les étapes ?

Il y a un silence à l'autre bout. Puis...

Kyle : Euh... la plupart ?

Vous fermez les yeux et comptez jusqu'à 10, en vous rappelant que vivre indépendamment sans le sou n'est pas aussi glamour qu'on pourrait le croire. Puis, vous ouvrez le fichier qu'il a téléchargé. Et, bien sûr, c'est un désastre absolu.

Il manque des sections entières au rapport, la mise en page semble avoir été faite par un enfant de trois ans, et pour une raison inconnue, il y a une photo aléatoire d'un chien au milieu d'un graphique.

C'est probablement la raison pour laquelle le système rejette le téléchargement de Kyle.

Vous fixez l'écran. *Est-ce que Kyle va bien ? Est-il secrètement comédien, et s'agit-il d'une sorte de canular élaboré pour me faire remettre en question tous mes choix de vie ?*

Vos doigts vous démangent d'écrire :

Il est temps de faire que ceci soit à l'épreuve des imbéciles parce que vous n'arrêtez pas de tout gâcher.

Mais vous savez qu'il vaut mieux vous abstenir.

Alors, vous prenez quelques secondes pour vous calmer, et vous écrivez :

« D'accord, nous allons rationaliser un peu les choses pour que le processus soit plus simple et plus facile à suivre. De cette façon, tout le monde saura exactement quoi faire, et nous pourrons éviter les erreurs. »

Le dernier clou dans le cercueil vient avec la réponse de Kyle :

. . .

« Génial ! J'ai hâte ! »

Vous fermez votre ordinateur portable.

Il est trop tôt pour boire un verre, mais après tout, il n'est pas trop tôt pour commencer à reconsidérer chaque décision qui vous a mené(e) jusqu'ici !

7

7. METTONS ÇA DE CÔTÉ POUR LE MOMENT

Ce que vous voulez vraiment dire :

Pas maintenant. Laissez-moi tranquille.

Alternative approuvée par les RH :

Mettons ça de côté pour le moment.

Scénario :

Vous croulez sous le travail.

Votre boîte de réception est un cauchemar, votre liste de tâches est plus longue qu'un ticket de caisse de pharmacie, et vous êtes à un petit désagrément près d'une crise de nerfs totale.

Pourquoi ? Parce que vous avez une échéance dans deux heures.

Vos doigts volent sur le clavier, votre cerveau est en pleine concentration, et pour une fois, vous avez vraiment l'impression d'avancer.

Et puis ?

Stéphanie surgit.

Stéphanie, du département « Je n'ai aucun sens du timing ».

Stéphanie, qui a un sixième sens pour vous interrompre au pire moment possible.

. . .

Stéphanie, qui semble croire que si elle ne vous pose pas cette question précise à cet instant précis, l'entreprise entière pourrait s'effondrer.

Elle se matérialise à côté de votre bureau comme une sorte de fantôme d'entreprise, son visage rayonnant avec une idée qui aurait définitivement pu attendre.

— Salut ! Tu as une minute ?

Non, vous n'avez pas une minute.

Vous n'avez même pas une *demi*-minute.

Mais Stéphanie a déjà tiré une chaise, s'installant comme chez elle.

Elle continue :

— Alors, je réfléchissais à ce sondage de satisfaction client dont nous avons parlé il y a trois semaines...

. . .

Ah, oui. Le sondage de satisfaction client.

Le sondage qui n'est pas dû avant un mois.

Le sondage qui a déjà été finalisé et envoyé à la direction pour approbation.

Le sondage que Stéphanie veut soudainement « retravailler » parce qu'elle vient de décider que peut-être le jeu de couleurs devrait être « plus invitant ».

Pendant ce temps, l'e-mail que vous devez *réellement* envoyer est là, à moitié écrit, réclamant désespérément votre attention.

Vous voulez dire : « Pas maintenant. Laisse-moi tranquille. »

Au lieu de cela, vous forcez un sourire si intense qu'il fait mal et vous dites :

. . .

— Mettons ça de côté pour le moment et reprenons quand j'aurai un peu plus de disponibilité pour y accorder l'attention que cela mérite.

Vous vous mordez la langue quand Stéphanie, complètement inconsciente, hoche vigoureusement la tête et ajoute :

— Oh, oui, bien sûr ! Je reviendrai vers toi plus tard dans la journée.

Vous la regardez s'éloigner, préparant déjà votre prochaine échappatoire, sachant pertinemment que ce n'est pas fini.

8. POURRIEZ-VOUS PRÉCISER CE QUE VOUS AVEZ COMPRIS DE NOTRE DISCUSSION ?

e que vous voulez vraiment dire :

Avez-vous écouté un seul mot de ce que je viens de dire ?

Alternative approuvée par les RH :

Pourriez-vous préciser ce que vous avez compris de notre discussion ?

Scénario :

C'est une réunion interminable. Du genre où votre café a eu le temps de refroidir, votre pied s'est engourdi, et vous commencez à vous demander si le temps existe encore. Vous venez de passer 10 bonnes minutes à expliquer quelque chose qui aurait dû prendre 30 secondes – non pas parce que vous ne savez pas donner d'explications, mais parce que vous avez dû vous répéter trois fois de trois manières différentes. D'abord, vous avez vérifié que tout le monde avait compris. Ensuite, vous avez demandé si tout était clair. Et en plus de cela, vous avez même donné un exemple concret, au cas où ! Bref, vous ressentiez plutôt de la satisfaction. Jusqu'à ce que...

Greg.

Greg, qui hochait la tête avec enthousiasme pendant tout ce temps. Le même Greg qui avait des expressions sérieuses du genre « Je comprends totalement » pendant que vous parliez. Et pourtant, la main levée dans la salle est la sienne, accompagnée de cette question éloquente :

— Attendez... donc qu'est-ce qu'on est censés faire exactement ?

. . .

La salle devient complètement silencieuse. Vous clignez des yeux. Une fois. Deux fois. Vous fixez Greg, vous demandant si c'est une blague, et si vous êtes tous sur le plateau de *La Caméra Cachée*.

Vous avez envie de dire : « Est-ce que tu as entendu un seul mot de ce que je viens de dire ? » Ou, encore mieux : « Greg, mon ami, mon gars, mon pote... étais-tu même *LÀ* à l'instant ? Physiquement ? Mentalement ? *Spirituellement* ? »

Mais ce serait mal vu, alors à la place, vous gardez une voix neutre, donnez à votre visage votre meilleure expression de « professionnel patient », et vous dites :

— Très bien Greg, avant que je ne réponde à cela, pourriez-vous préciser ce que vous avez compris de notre discussion ?

Vous lui lancez un regard en coin qui hurle littéralement : *Je te donne une dernière chance de prouver que tu étais, en fait, présent à cette réunion et pas mentalement sur une plage quelque part !* espérant qu'il comprendra le message. Au lieu de cela, Greg, toujours l'air confus, plisse les yeux vers le tableau blanc, puis vers ses notes, puis finalement vers vous, et dit :

— Euh... ouais, donc... vous voulez qu'on... fasse le truc ?

Vous expirez lentement. Tous les autres évitent le contact visuel, car eux aussi ont perdu la volonté de vivre. Mais vous ? Vous êtes une personne professionnelle. Vous hochez la tête, affichez un sourire qui n'atteint pas tout à fait vos yeux, et dites :

— Oui, Greg. Faites le truc.

9. JE L'AJOUTE À MA LISTE DE TÂCHES

Ce que vous voulez vraiment dire :

Plutôt crever, c*nn*sse !

Alternative approuvée par les RH :

Je l'ajoute à ma liste de tâches.

Scénario :

C'est lundi matin, vous venez d'arriver au bureau et vous avez à peine eu le temps d'enlever votre manteau lorsqu'une notification d'e-mail apparaît sur votre écran.

. . .

L'objet : *Petit service !*

Vous savez déjà. Rien de bon ne suit jamais un « petit service ». Avec un profond soupir, vous ouvrez l'e-mail et... voilà. C'est pire que prévu.

Il vient d'Olivia du service Achats.

Olivia, qui a mystérieusement de l'énergie avant 8 heures du matin.

Olivia, qui n'a jamais rencontré une tâche qu'elle ne pouvait pas déléguer.

Olivia, qui utilise « effort d'équipe » quand elle veut dire « *ton* effort ».

Salut ! J'espère que tu as passé un week-end reposant ! (Ce n'était pas le cas.)

Juste une petite demande : Pourrais-tu prendre en charge le nettoyage de la base de données des contrats fournisseurs ?

C'est un peu le bazar. Il suffit juste d'une petite réorganisation !

Ça ne devrait pas prendre trop de temps – il s'agit essentiellement de revoir plus de 500 contrats, de mettre à jour les dates d'expiration, de signaler les fournisseurs en double et de créer un tableur principal avec les conditions clés comme les calendriers de paiement, les clauses de pénalité et les conditions de renouvellement.

Facile, non ? Pas de pression, mais j'aimerais que ce soit fait d'ici vendredi ! Merci mille fois !!!

Vous fixez l'écran, puis relisez lentement.

Olivia vient de vous demander avec désinvolture de trier tout un labyrinthe de contrats obsolètes, dont beaucoup ont probablement été rédigés en 2007 par quelqu'un qui ne travaille plus là.

Et elle pense que c'est une tâche rapide.

. . .

Votre premier instinct ?

Taper : *Plutôt crever, c*nn*sse !*

Mais hélas, vous avez des factures à payer. Alors, vous tapez simplement :

« Je l'ajoute à ma liste de tâches. »

Avec un peu de chance, Olivia comprendra le message.

Et avec un peu de chance, elle comprendra même que vous n'avez absolument pas l'intention de faire cela de sitôt, voire jamais.

Est-ce qu'elle comprendra vraiment ?

Bien sûr que non ! Car deux minutes plus tard, elle vous répond :

. . .

« OMG, tu es le/la meilleur(e) ! J'ai le *pressentiment* que ça va être incroyable !! »

Vous vous adossez à votre siège et commencez à calculer mentalement combien cela coûterait de quitter votre emploi et d'ouvrir un stand de smoothies au bord de la plage.

10

10. J'APPRÉCIE VRAIMENT VOTRE CONTRIBUTION

Ce que vous voulez vraiment dire :

Tout le monde se fiche de ce que vous pensez.

Alternative approuvée par les RH :

J'apprécie vraiment votre contribution.

Scénario :

C'est vendredi après-midi. Vous avez survécu à la semaine. Vous avez enduré les e-mails, les réunions et la lente agonie de votre motivation. Maintenant, vous assistez à la dernière réunion avant la liberté. Cela fait trois heures que vous examinez le nouveau guide d'intégration des clients de l'entreprise, sur lequel vous avez laborieusement travaillé pendant des semaines.

À ce stade, la seule chose qui vous maintient éveillé(e) est le rêve de bondir de votre chaise et de vous précipiter hors du bâtiment, pour ne plus jamais y penser – jusqu'à lundi, en tout cas. Vous regardez l'horloge, faites mentalement votre sac, attendant simplement que votre responsable dise : « Bon, concluons », et vous serez libre.

Cependant, il semble que Tad, qui n'était même pas dans l'invitation d'origine mais qui est apparu comme par magie, ait d'autres projets pour vous. Il se penche en avant, s'éclaircit la gorge et dit :

— J'ai en fait quelques idées sur comment Riley pourrait améliorer cela.

Votre estomac se noue. Vos yeux jettent un coup d'œil à l'horloge. Il restait deux minutes à cette réunion. *DEUX*. Et maintenant ? Maintenant, vous êtes sur le point d'être pris en otage par les absurdités que Tad s'apprête à dire sur la façon dont vous pourriez travailler sur un projet déjà fini.

Tad poursuit :

— Je pense juste que nous devrions opter pour une approche plus interactive. Peut-être ajouter une vidéo ? Juste une idée !

Votre cerveau entre en court-circuit. Le guide est terminé. Finalisé. Approuvé. Il a déjà été envoyé à l'équipe de design. C'est comme si quelqu'un disait : « Hé, peut-être devrions-nous utiliser un traiteur différent » tout en se tenant devant le buffet de mariage !

Vous avez envie de lâcher : « Tout le monde se fiche de ce que vous pensez, Tad ! » Peut-être même d'ajouter : « Et vous pouvez mettre vos idées là où le soleil ne brille jamais ! »

Cependant, dire cela vous vaudrait un appel peu amical des RH, alors à la place, vous prenez une gorgée de votre bouteille d'eau et dites calmement :

. . .

— J'apprécie vraiment votre contribution, Tad. S'il vous plaît, expliquez davantage cette approche interactive que nous aurions pu adopter.

Vous espérez qu'il percevra le sarcasme et le véritable sens derrière vos mots, qui se traduisent simplement par : *Tad, ce guide a été revu, approuvé et signé par des personnes qui gagnent trois fois nos salaires. Il y a 0 % de chances que je recommence tout depuis le début parce que vous avez soudainement eu une épiphanie dans les deux dernières minutes de cette réunion.*

Tad, manquant complètement votre allusion subtile, sourit et s'adosse à sa chaise.

— Super, content de pouvoir contribuer ! Voici ce que je pense...

Vous le fixez pendant une seconde, puis jetez un nouveau coup d'œil à l'horloge. Durée de la réunion ? Prolongée de 30 minutes supplémentaires. Vous ressentez le désespoir tandis que vous acceptez silencieusement votre destin.

11. NOUS DEVONS ENCOURAGER UNE CULTURE DE TRAVAIL D'ÉQUIPE

Ce que vous voulez vraiment dire :

Il est temps de redescendre sur terre.

Alternative approuvée par les RH :

Nous devons encourager une culture de travail d'équipe.

Scénario :

Vous participez à une séance de brainstorming en équipe, mais à ce stade, cela ressemble moins à une discussion de groupe qu'au show de Jessica. Pourquoi ?

. . .

Parce que Jessica, l'une de vos collègues, parle sans interruption depuis le début de la réunion.

Elle ne partage pas simplement des idées – elle monopolise toute la conversation.

Chaque fois que quelqu'un d'autre essaie de parler, elle l'interrompt avec « Oui, mais et si on... » ou « En fait, je pense que... »

Vous regardez autour de vous. Tout le monde semble épuisé.

Dave fait semblant d'écouter, et vous voyez bien que Priya – également présente à la réunion – a décroché depuis 20 minutes.

Même votre responsable semble regretter d'avoir organisé cette réunion.

Le pire ? Les idées « brillantes » de Jessica sont soit des

répétitions d'échecs passés, soit des propositions qui n'ont absolument aucun sens.

À un moment, elle suggère quelque chose qui coûterait de l'argent à l'entreprise au lieu d'en rapporter.

Vous commencez lentement à perdre patience, et vous avez à moitié envie de vous lever et de dire :

« Jessica, il est temps de redescendre sur terre. On a compris. Tu adores le son de ta propre voix. Mais le reste d'entre nous aimerait contribuer avant notre départ à la retraite. »

Mais cela pourrait sembler impoli. Et les RH adorent ces ateliers « soyez gentils avec vos collègues ».

Alors, à la place, vous levez la main et dites : « Nous devons encourager une culture de travail d'équipe ici. Assurons-nous que chacun ait la chance de partager ses idées. »

. . .

Mais vous savez que ce que vous voulez vraiment dire, c'est :

Jessica, pour l'amour du ciel, tais-toi et laisse quelqu'un d'autre parler.

Un silence s'installe dans la salle.

Jessica semble surprise – peut-être même un peu offensée.

Mais, ô miracle, elle arrête effectivement de parler.

Dave articule silencieusement « Merci » de l'autre côté de la table.

Priya se redresse, prête à enfin contribuer.

Votre responsable soupire de soulagement.

. . .

Et pour la première fois de la matinée, la réunion se poursuit comme une discussion normale, avec un véritable travail d'équipe.

En quittant la salle, vous vous félicitez intérieurement.

Vous avez restauré l'équilibre sur le lieu de travail.

Si cela ne mérite pas une médaille, qu'est-ce qui en mérite une ?

12. POUR RAPPEL

Ce que vous voulez vraiment dire :
Je ne vais pas répéter ça, espèce d'imbécile !

Alternative approuvée par les RH :

Pour rappel.

Scénario :

Il est 15 h un mercredi, et vous assistez à votre cinquième réunion Zoom de la journée. Vous êtes épuisé(e). Votre cerveau a quitté le navire, et la seule chose qui vous maintient, c'est la perspective de votre pause de 15 h 30.

. . .

Mais voilà que Kevin de la comptabilité demande :

— Attendez, juste pour clarifier... on utilise les nouveaux formulaires de dépenses ou les anciens ?

Vous cessez de respirer. Kevin a posé cette question trois fois déjà cette semaine. Vous avez envoyé un e-mail à toute l'entreprise à ce sujet lundi. Vous avez joint un PDF. Vous l'avez même rendu à l'épreuve des idiots avec d'énormes flèches rouges pointant vers les nouveaux formulaires. Vous avez utilisé un GIF, pour l'amour du ciel – un GIF d'un singe dansant tenant une pancarte sur laquelle était littéralement écrit : *UTILISEZ LES NOUVEAUX FORMULAIRES.* Vous l'avez également personnellement rappelé à Kevin *hier* quand il a posé exactement la même question.

Vous regardez vos collègues dans leurs petites cases sur Zoom. Certains fixent leur écran comme s'ils assistaient à un accident de voiture au ralenti. Une personne s'est mise en sourdine et est probablement en train de hurler dans ses mains.

. . .

Vous avez envie de crier :

« Kevin, je ne vais pas répéter ça, espèce d'imbécile ! La réponse est dans ta boîte mail, ton dossier de corbeille, et probablement écrite sur les murs des toilettes du bureau à ce stade ! »

Mais, parce que vous aimez recevoir un salaire, vous prenez une profonde respiration et dites :

— Pour rappel, nous utilisons les nouveaux formulaires de dépenses. J'ai inclus le lien dans le chat à nouveau pour plus de facilité.

Il y a une longue pause pendant que tout le monde attend, se demandant probablement si Kevin a finalement... compris ? Ou alors, ils doivent simplement se demander si vous êtes sur le point de craquer devant la caméra.

Puis, après ce qui semble être une éternité, Kevin dit : — Ahhh, compris ! Merci pour la clarification !

. . .

Le croyez-vous ? Absolument pas. Mais pour le bien de votre santé mentale, vous passez à autre chose, sachant pertinemment que Kevin posera la même question la semaine prochaine.

13. CELA DÉPASSE MON CHAMP D'ACTION

Ce que vous voulez vraiment dire :

Je ne vais pas faire ton boulot à ta place, espèce de fainéant !

Alternative approuvée par les RH :

Cela dépasse mon champ d'action.

Scénario :

Il ne reste que quelques minutes avant le week-end, et mentalement, vous êtes déjà à l'happy hour – lunettes de soleil sur le nez, bientôt une margarita à la main, plus aucun souci à vous faire. C'est alors que, telle la méchante d'une mauvaise comédie romantique, Mia fait irruption parmi vos messages avec le plus prévisible de tous les temps :

— Salut ! Pouvez-vous me générer ce rapport d'inventaire ? J'en ai besoin pour ma présentation de lundi.

Vous serrez les poings. C'est le même rapport que vous avez montré à Mia comment extraire trois fois ce trimestre. Vous lui avez même créé un guide étape par étape avec des captures d'écran, et elle l'a immédiatement archivé sans jamais y jeter un œil.

Vous avez envie de lui répondre furieusement : *Mia, je ne vais pas faire ton travail à ta place, espèce de fainéante ! Tu sais où sont les données. Tu sais comment les exporter. Arrête de faire semblant de ne pas savoir juste parce que tu préfères faire défiler des mèmes sur LinkedIn plutôt que de travailler sérieusement !*

Cependant, il y a de fortes chances que Mia transmette votre réponse à la direction, ce qui vous ferait dire adieu à votre salaire. Alors, vous comptez mentalement jusqu'à 10 et répondez :

— Cela dépasse mon champ d'action, mais je serais ravi(e) de vous renvoyer le guide de formation.

Sa réponse est instantanée :

— Compris.

Cependant, vous n'êtes pas dupe car vous savez que ce qu'elle veut dire en réalité, c'est : *Je vais attendre jusqu'à 17 heures dimanche et ensuite vous envoyer un e-mail paniqué.*

Vous lui transférez à nouveau le guide, en ajoutant « Pour votre information », et vous mettez immédiatement votre statut sur « Hors ligne » avant qu'elle ne puisse vous demander de « juste le mettre en forme rapidement ».

14

14. POUR RÉFÉRENCE ULTÉRIEURE

Ce que vous voulez vraiment dire :

Écoute bien, espèce d'idiot !

Alternative approuvée par les RH :

Pour référence ultérieure...

Scénario :

C'est un début de matinée au bureau, et vous regrettez déjà d'avoir consulté vos e-mails.

. . .

Tout en haut de votre boîte de réception se trouve un message paniqué de Tyler :

« URGENT : Le système est EN PANNE ! AU SECOURS !!! »

Vous vous redressez. *Est-ce que c'est vrai ? Est-ce que le système entier a vraiment planté ? Est-ce le jour où tout s'écroule enfin ?* Vous vous précipitez pour vérifier l'état du système. Tout va bien. Pas d'erreurs. Pas de pannes. Le système fonctionne parfaitement.

Alors, quel est le problème ? Vous prenez une profonde inspiration et répondez :

« Bonjour Tyler, qu'est-ce qui ne fonctionne pas exactement ? »

Cinq minutes plus tard, il répond :

« Oh ! Je n'arrivais pas à me connecter. Mais j'ai

redémarré mon ordinateur et maintenant tout va bien. Merci ! »

Oh. Oh non. Est-ce que Tyler vient d'envoyer un e-mail d'urgence à toute l'entreprise parce qu'il a oublié de redémarrer son ordinateur portable ?

Vous serrez les poings et envisagez de vous lever, de marcher jusqu'au bureau de Tyler et de lui dire :

« Écoute bien, espèce d'idiot ! Le système n'a jamais été en panne ! La prochaine fois, essaie de l'éteindre et de le rallumer avant de déclarer l'état d'urgence ! »

Mais comme Tyler vous dénoncerait probablement pour « agression verbale », vous vous contentez de taper :

« Pour référence ultérieure, si vous rencontrez des problèmes, nous recommandons d'effectuer un redémarrage du système comme première étape de dépannage. Si le problème persiste, n'hésitez pas à nous contacter. »

15. IL Y A UNE MARGE DE PROGRESSION

Ce que vous avez vraiment envie de dire :

Vous n'êtes qu'une parfaite incapable.

Alternative approuvée par les RH :

Il y a une marge de progression.

Scénario :

C'est la saison des évaluations de performance, et vous redoutez ce moment depuis des semaines.

. . .

Vous êtes assis face à Hailey, la stagiaire qui a réussi à transformer « ne strictement rien faire » en une forme d'art.

Pendant la majeure partie des trois derniers mois, Hailey a accidentellement gardé son message d'absence activé alors qu'elle était *indubitablement* présente au bureau.

En plus de cela, elle vous a demandé comment joindre un fichier à un e-mail environ sept fois, et a passé 90 % de sa « journée de travail » à mâcher bruyamment du chewing-gum et à regarder des compilations TikTok à son bureau.

Maintenant, alors que vous contemplez son « auto-évaluation » (qui consiste en deux puces et un smiley), vous réalisez que vous devez lui donner un retour. Vous avez envie d'arracher le pansement et de lui dire franchement :

— Hailey, vous n'êtes qu'une parfaite incapable. Les plantes du bureau contribuent davantage que vous, et elles sont en plastique. Je suis presque certain que la machine à café possède de meilleures capacités de résolution de problèmes.

Mais vous vous rappelez ensuite que la vie en entreprise exige de la retenue. Vous prenez un moment, la regardez dans les yeux, et dites :

— Hailey, votre travail montre... de l'enthousiasme. Cela dit, il y a sans aucun doute une marge de progression dans des domaines comme la gestion du temps et les compétences techniques. Peut-être pourrions-nous explorer des... opportunités de formation supplémentaires ?

Hailey hoche la tête avec enthousiasme :

— Oui, j'avais l'intention d'en apprendre plus ! Peut-être... avec un webinaire ou quelque chose comme ça ?

Vous résistez à l'envie de hurler.

. . .

Au lieu de cela, vous l'inscrivez à la formation de conformité la plus ennuyeuse que vous puissiez trouver et vous notez mentalement de cacher toutes les collations du bureau.

16

16. POUVONS-NOUS IDENTIFIER QUI EN EST RESPONSABLE ?

Ce que vous voulez vraiment dire :

Lequel d'entre vous, bande d'abrutis, a créé ce bordel ?

Alternative approuvée par les RH :

Pouvons-nous identifier qui en est responsable ?

Scénario :

Vous arrivez au bureau lundi matin pour découvrir que quelqu'un a complètement anéanti la base de données partagée du projet.

. . .

Ce qui était autrefois un tableau soigneusement organisé pour suivre les relations clients et les détails des partenariats contient désormais une recette complète de pain à la banane (avec commentaires), 37 mèmes de chats intégrés dans les commentaires, et une cellule qui dit simplement : « *TEST : NE PAS SUPPRIMER* » en Comic Sans, taille 72.

Le pire ?

C'était le fichier principal pour suivre les détails des partenariats clés, y compris des données précieuses sur des parrainages d'entreprise valant des millions de revenus pour le prochain trimestre. Votre œil commence à tressaillir comme un robot défectueux, et vous avez juste envie de demander :

— Lequel d'entre vous, bande d'abrutis, a créé ce bordel ?

Mais vous vous rappelez que vous ne voulez pas faire l'objet d'une future formation RH. Alors, serrant votre tasse de thé comme une balle anti-stress, vous dites poliment :

. . .

— Écoutez tout le monde, pouvons-nous gentiment identifier le responsable ici ? Nous devons comprendre comment notre système de suivi des parrainages est devenu à la fois un livre de cuisine et un musée de mèmes.

Après un silence gênant, la nouvelle assistante marketing, Beth, lève timidement la main :

— Euh... je pense que c'était peut-être moi. J'essayais de le rendre plus... captivant ?

Captivant ?

Vous résistez à l'envie d'éclater de rire ou de pleurer. Au lieu de cela, vous gardez un visage impassible. Pendant ce temps, le reste de l'équipe s'effondre visiblement, leurs rires étouffés les faisant paraître comme s'ils souffraient d'une sorte de trouble gastro-intestinal.

. . .

Vous hochez lentement la tête et lui assignez une formation de saisie de données si approfondie qu'elle pourrait la préparer à décoder la pierre de Rosette.

Vous ne laissez rien au hasard cette fois.

17. JE REVIENS VERS VOUS

Ce que vous voulez vraiment dire :
Je ne vais pas m'occuper de ces conneries.

Alternative approuvée par les RH :

Je reviens vers vous.

Scénario :

Il est 15 h 58, un vendredi. Mentalement, vous avez déjà quitté le bureau. Votre écran n'affiche plus qu'un seul tableau Excel de façade. Vous avez déjà mis vos notifications Slack en sourdine, et vous êtes à mi-chemin de planifier quel plat bien gras vous allez commander dès que vous vous déconnecterez.

Et puis...

Ping !

C'est Marc des Services Généraux. Le même Marc qui ne vous a pas envoyé de message depuis des mois parce qu'il n'apparaît que lorsque les choses sont sur le point de déraper. Et voici ce qu'il a à dire :

— Salut ! Le responsable de la sécurité incendie nous demande de réorganiser tout le placard de fournitures d'ici lundi. Tu peux t'en charger ?

Vous fixez le message. *Le placard de fournitures ?*

Celui qui n'a pas été touché depuis la grande purge de bureaux de 2017 ? Celui qui abrite actuellement quatre types de toners périmés, une douzaine de chaises cassées, 17 câbles mystérieux et un seul téléphone à clapet du début des années 2000 ?

Non. Absolument pas ! Ce placard a des couches géologiques. Il y a une réelle possibilité que quelque chose là-dedans ait acquis des droits. Vous n'allez pas vous aventurer là-dedans.

Vous avez vraiment envie de répondre : *Marc, je ne vais pas m'occuper de ces conneries. Ce placard n'a pas été organisé depuis le mandat de Hollande, et franchement, je respecte trop la souveraineté des moutons de poussière pour perturber leur écosystème.*

Et vous l'écririez si ce n'était pas la vie en entreprise. Mais c'est le cas, et vous devez faire semblant que c'est une demande tout à fait raisonnable en fin de semaine. Alors, à la place, vous répondez :

« Je reviens vers vous à ce sujet. »

Et que faites-vous ensuite ? Vous prétendez être trop occupé avec d'autres tâches. D'ici lundi, miraculeusement, le placard est réorganisé. Pas par vous, bien sûr.

Probablement par ce nouvel intérimaire qui croit encore que donner un coup de main lui permettra d'obtenir un poste permanent.

Vous envisagez de lui envoyer un e-mail de remerciement. Peut-être un muffin. Mais pour l'instant ? Vous vous contentez de hocher la tête et de murmurer : « Tous les héros ne portent pas de cape », tout en sirotant votre café et en faisant comme si rien de tout cela ne s'était jamais produit.

18. NOUS NOUS EFFORÇONS DE NOUS SURPASSER

Ce que vous voulez vraiment dire :

Tu te fous de ma gueule ou quoi ?

Alternative approuvée par les RH :

Nous nous efforçons de nous surpasser.

Scénario :

Vous êtes en visioconférence avec Ian de l'informatique et Nina du marketing. Vous êtes tous les trois euphoriques après avoir livré une démonstration impeccable du nouveau portail client – celui qui a failli vous briser l'âme ces six dernières semaines. Vous avez vécu dans ce portail et même rêvé en codes hexadécimaux.

Mais maintenant... C'est fini. Fini ! Le logo du client tourne magnifiquement sur la page d'accueil, l'expérience utilisateur coule comme une rivière paisible, et pour une fois, rien n'a explosé. Vous vous adossez tous légèrement à vos chaises, souriant, victorieux.

Puis, la chef de projet du client, Emily, réactive son micro et, en une phrase, brise votre monde :

— J'adore le design ! Juste une petite modification : nous aimerions que chaque bouton du portail émette un son de canard différent quand on clique dessus. Un pour le matin, un autre pour l'après-midi, et encore un autre pour les heures du soir. Juste pour refléter l'évolution du ton de notre marque tout au long de la journée.

Silence.

. . .

Le visage d'Ian se relâche. L'œil de Nina tressaute comme un volet cassé. Et vous ? Votre cerveau est encore en train de charger.

A-t-elle vraiment dit coin-coin ? Genre... le bruit que fait un canard ? En plus, vient-elle vraiment de demander des sons de canard qui varient selon l'heure ?

Vous êtes à deux doigts de lâcher :

— Vous vous fichez de moi ou quoi ? C'est un canard qui a écrit votre charte de marque ? C'est un site web Fisher-Price qu'on fait ?

Mais vous surprenez alors le léger hochement de tête d'Ian, qui sait que vous êtes sur le point de transformer la réunion en zone de guerre. Alors, vous vous éclaircissez la gorge et dites :

— Nous nous efforçons toujours de nous surpasser pour nos clients ! Explorons des alternatives pour apporter de la personnalité au portail – des alternatives qui ne risquent pas, euh, de dérouter les utilisateurs ou de leur faire croire qu'ils ont téléchargé un logiciel malveillant.

Votre équipe comprend immédiatement que vous venez de dire poliment « *Jamais de la vie ce site ne ressemblera à une animalerie* » au client. Alors, ils interviennent aussi.

Ian, que Dieu le bénisse, dit :

— Les éléments audio pourraient avoir un impact sur les temps de chargement... et sur la conformité aux normes d'accessibilité.

Et Nina, toujours diplomate, ajoute :

— Et si nous suggérions *visuellement* le coin-coin avec des icônes animées ?

Emily fait une pause. Pendant un instant, vous pensez qu'elle va insister. Puis elle dit :

— Hmm. Peut-être juste un coin-coin ? Genre... sur la page d'accueil ?

. . .

Vous répondez sans ciller :

— C'est noté !

Et vous comptez mentalement les secondes qu'il reste à cette réunion.

19. J'EN TIENDRAI COMPTE

Ce que vous voulez vraiment dire :

Est-ce que j'ai demandé ton avis ? Non, espèce de connard !

Alternative approuvée par les RH :

J'en tiendrai compte.

Scénario :

Vous avez passé une longue journée et vous mettez enfin la touche finale à votre proposition de réapprovisionnement des stocks – un tableur qui vous a pris deux semaines, 20 tableaux croisés dynamiques et plus de caféine que ce que votre médecin approuverait légalement. Vous avez tout vérifié trois fois : codes fournisseurs, calendriers d'expédition, tout !

Avec de la fierté pour votre travail, vous vous apprêtez à cliquer sur « Envoyer » pour ensuite vous récompenser avec un sachet de bretzels et 15 minutes à faire semblant de « collaborer » dans la salle de pause.

Mais Ethan choisit ce moment précis pour passer. Il se penche sur votre bureau, plisse les yeux vers votre écran et dit :

— Oh... tu utilises encore ce fournisseur pour le réapprovisionnement ? Hmm. Choix audacieux.

Vous clignez des yeux. *Choix audacieux ? CHOIX AUDACIEUX ?!* Le boulot d'Ethan, c'est d'équilibrer les factures, pas de superviser la logistique d'entrepôt. Il a une fois essayé d'« auditer » le budget des snacks et a failli déclencher une émeute.

. . .

En plus, vous n'avez rien demandé Ethan. Personne n'a rien demandé à Ethan. Ethan est juste... apparu. Comme une grosse mouche.

Vous le regardez, à deux doigts de dire : « Est-ce que je t'ai demandé ton avis ? Non, espèce de connard ! Tu tries des colonnes de tableur pour gagner ta vie, pas des manifestes d'expédition. »

Cependant, vous vous mordez la langue tout en réduisant lentement la fenêtre de votre tableur comme si vous cachiez des informations gouvernementales classifiées, puis vous répondez :

— J'en tiendrai compte !

Ethan sourit comme s'il venait de résoudre le problème de la faim dans le monde et s'éloigne avec la satisfaction suffisante d'un homme qui a lu la moitié d'un livre sur la théorie de la chaîne d'approvisionnement.

. . .

Vous retournez à votre écran, expirez par le nez comme un dragon en colère, et rouvrez le fichier. Vous ne faites aucun changement. Vous envoyez le rapport tel quel. Et comme par miracle (*ou pas !*)... il est approuvé par la direction exactement comme vous l'avez préparé.

Vous croisez Ethan le lendemain dans le couloir. Il vous adresse un pouce en l'air. Vous lui souriez poliment et murmurez entre vos dents :

— Choix audacieux, mon œil.

20. IMPLIQUONS-NOUS DAVANTAGE

Ce que vous voulez vraiment dire :

Bouge tes fe**es et débrouille-toi.

Alternative approuvée par les RH :

Impliquons-nous davantage.

Scénario :

Vous avez été associé(e) à Jordan du service Achats pour une tâche urgente, très réelle et très importante : préparer la présentation d'audit des fournisseurs pour la revue du directeur financier. Ce n'est pas une suggestion. Ce n'est pas un « bonus ». C'est le genre de chose qui peut mener à des promotions... ou à l'humiliation publique sur la diapositive 4.

Vous avez fait votre partie – résolu les incohérences des contrats fournisseurs, ajouté des indicateurs de conformité à jour, et même vérifié trois fois les chiffres de cette pile de factures douteuses que tout le monde a « mystérieusement » oublié d'examiner.

Jordan ? Jordan a contribué avec une diapositive de titre. C'est tout. Une diapositive de titre. Avec les mots : *Audit des fournisseurs 2025*.

On est maintenant jeudi, et le dossier doit être rendu vendredi à midi. Vous envoyez un message à Jordan (encore une fois), et il répond :

— Oups ! Ouais, j'ai été complètement débordé par d'autres trucs. Mais je m'y mets ce soir !

Vous savez déjà que « je m'y mets ce soir » signifie qu'il

survolera vos Google Slides à 11 h 49 demain matin tout en léchant le fond du couvercle de son yaourt.

Vous avez vraiment envie d'aller le voir, de le regarder droit dans les yeux et de lui dire :

— Jordan. Bouge tes fe**es et débrouille-toi. Ce n'est pas l'attitude à avoir pour la revue du directeur financier. C'est exactement l'opposé d'être utile.

Mais hélas, les RH n'apprécient pas les vérités crues. Alors à la place, vous tapez simplement :

« Impliquons-nous davantage et bouclons ça aujourd'hui pour être prêts demain ! »

Jordan réagit avec un emoji pouce en l'air. Vous le fixez comme s'il avait personnellement insulté votre famille. Puis, comme toute personne perfectionniste alimentée par une légère rage et de l'anxiété, vous corrigez vous-même sa partie. Vendredi arrive.

. . .

Le directeur financier adore la présentation. « Excellent travail d'équipe », dit-il.

Jordan hoche la tête comme s'il avait personnellement inventé PowerPoint. Vous hochez la tête en retour, combattant l'envie de lui mettre votre poing dans la figure.

21. JE VOUS COMPRENDS BIEN. MAIS NOUS DEVONS CHANGER DE CAP

e que vous voulez vraiment dire :

C'est l'idée la plus stupide que j'ai jamais entendue, p&%tain.

Alternative approuvée par les RH :

Je vous comprends bien. Mais nous devons changer de cap.

Scénario :

C'est jeudi matin, et la session de brainstorming pour la campagne sociale de ce trimestre est officiellement entrée dans sa phase de spirale hors de contrôle. Le tableau blanc est une scène de crime d'idées barrées : « Challenge TikTok viral » (trop risqué), « Flash Mob de guérilla » (trop coûteux), « Stagiaire avec un mégaphone » (juste... non).

La moitié de l'équipe semble à un café renversé près de la crise de nerfs. C'est alors que Bryce du département Créatif fait son entrée.

Bryce, le nouveau qui n'est là que depuis trois semaines mais porte déjà un bonnet en intérieur comme si c'était un trait de personnalité. Bryce, qui s'est un jour décrit comme « un chaman de la marque » et n'a pas encore contribué avec une seule idée réalisable – à moins que réarranger les post-it en spirale « pour une meilleure énergie » compte.

Il se penche en avant de façon théâtrale, ses yeux s'illuminant comme s'il était sur le point de délivrer le sermon sur la montagne, sauf qu'il dit :

— Et si... au lieu d'une newsletter, on lançait une lecture de tarot mensuelle pour les clients ? Mais genre... par e-mail. Peut-être que l'avenir de leurs KPI est... caché dans les étoiles ?

Silence. Le genre de silence où on peut pratiquement entendre les neurones de tout le monde s'arrêter collectivement.

Suzie de la Comptabilité laisse échapper son stylo – il tombe bruyamment au sol. Monica du service Juridique cligne des yeux si violemment que vous craignez qu'elle perde tous ses cils. Le stagiaire commence frénétiquement à googler « tarot » comme si son statut non rémunéré incluait maintenant un cours accéléré d'astrologie.

Pendant ce temps, vous restez là, serrant votre tasse de café si fort qu'elle est à une citation motivante de se briser.

Intérieurement, vous hurlez : *Bryce, c'est l'idée la plus stupide que j'ai jamais entendue, p&%tain. Nos clients se fichent des horoscopes – ils fabriquent des climatiseurs pour des immeubles de bureaux à Omaha, pas des bougies à base de plantes pour des cérémonies au clair de lune à Topanga Canyon !*

Mais vous ne pouvez pas dire ça. Vous visez de recevoir la récompense en tant que « Potentiel de Leadership », et crier sur quelqu'un ne fait pas bonne figure sur une évaluation de performance. Alors, à la place, vous prenez une très longue gorgée de votre café à température ambiante, et vous affirmez :

— Je comprends ton point de vue, Bryce. C'est un concept intéressant. Mais changeons de cap – peut-être qu'au lieu d'horoscopes, nous devrions nous concentrer sur des analyses de données en temps réel. Quelque chose de tangible. Quelque chose d'exploitable.

Bryce hoche solennellement la tête, comme si vous veniez de lui transmettre une sagesse ancestrale. « Ouais. Ouais, les données sont le langage de l'univers. » Puis il commence à griffonner un symbole du Sagittaire dans son carnet. À l'envers.

. . .

La salle reste dans un silence de mort pendant encore un moment – jusqu'à ce que quelqu'un laisse échapper un reniflement sonore. Et puis c'est terminé. Toute l'équipe s'effondre dans un fou rire incontrôlable pendant que vous rangez mentalement ce moment dans la case *Raisons pour lesquelles je mérite une augmentation.*

22. SI ON SE PREND POUR L'AVOCAT DU DIABLE : POURQUOI CELA NE FONCTIONNERAIT-IL PAS ?

Ce que vous voulez vraiment dire :

Tu as complètement tort, p*%ain.

Alternative approuvée par les RH :

Si on se prend pour l'avocat du diable : Pourquoi cela ne fonctionnerait-il pas ?

Scénario :

Vous participez à une réunion interdépartementale concernant la refonte du système de tickets interne.

. . .

Le système actuel est si ancien qu'il pourrait presque nécessiter un modem 56k. Tout le monde est d'accord : il est temps de le moderniser.

C'est alors que Trevor du service des achats prend la parole.

Trevor, qui arbore un casque Bluetooth comme s'il attendait un appel de la NASA. Trevor, dont toute l'esthétique crie « Excel, mais en plus bruyant ».

Il s'éclaircit la gorge et nous offre cette perle :

— Et si, au lieu d'une plateforme numérique, on revenait aux formulaires papier ? Les gens les remplissent, les déposent dans une boîte, et quelqu'un les saisit tous les vendredis. C'est plus tangible, vous voyez ?

Vous clignez des yeux, le fixez du regard, et vous demandez brièvement si Trevor ne s'est pas cogné la tête contre une étagère du placard à fournitures.

. . .

Pam de l'Administration s'étouffe avec son thé.

Asha de l'informatique semble prête à déposer une plainte contre l'humanité tout entière.

Intérieurement, vous hurlez : « *Tu as complètement tort, Trevor. On n'est plus en 1993. Est-ce qu'on va aussi ramener les bipeurs, les disquettes et l'internet commuté ?!* »

Mais à voix haute, vous inclinez la tête comme si vous étiez sincèrement curieux et dites :

— Si on se prend pour l'avocat du diable : Pourquoi cela ne fonctionnerait-il pas ?

Trevor s'illumine.

— Eh bien, commence-t-il en ajustant son casque Bluetooth comme s'il s'apprêtait à faire atterrir un avion, les plateformes numériques créent une dépendance excessive à la stabilité d'Internet et aux compétences technologiques. Tout le monde n'est pas à l'aise avec les interfaces numériques, et quand quelque chose se brise, tout le flux de travail s'effondre. Le papier est fiable. On n'a jamais besoin de redémarrer du papier.

Il sourit comme s'il venait de poser le micro après une révélation innovante.

Heureusement, Asha intervient telle une héroïne :

— La sécurité ? Un cauchemar. Le suivi ? Impossible. Et la déforestation, quelqu'un y pense ?

Trevor hoche pensivement la tête... et ne mentionne plus jamais les formulaires papier.

Après l'appel, vous vous adossez, regardez par la fenêtre, et murmurez :

— Si je me prends pour l'avocat du diable : Pourquoi Trevor a-t-il un emploi ?

23. ON EN REPARLE PLUS TARD

Ce que vous voulez vraiment dire :

Je ne vais pas gérer tes âneries maintenant.

Alternative approuvée par les RH :

On en reparle plus tard.

Scénario :

Il est 9 h 06 un mardi matin, et vous êtes encore mentalement en train de récupérer du week-end.

. . .

Vous avez *exactement* un objectif aujourd'hui : survivre jusqu'au déjeuner sans pleurer sur votre clavier ou commander rageusement des croissants anti-stress.

Vous êtes en plein e-mail, essayant de coordonner un appel avec un fournisseur pour le lancement de la campagne d'emballages écologiques – une initiative de plusieurs mois qui a été décrite comme « la pierre angulaire du deuxième trimestre », « un changement de paradigme » et « l'élément qui empêche le directeur marketing de dormir la nuit ».

Brittani de « l'Activation de Marque », un département si mystérieux que vous avez la conviction qu'il n'existe que pendant le quatrième trimestre, débarque à votre bureau, serrant un tableau pailleté couvert de coupures de magazines et – attendez – est-ce une plume ?

Brittani vibre pratiquement d'excitation.

— J'ai eu cette vision hier soir ! Pour la soirée de lancement : une expérience immersive dans la jungle ! Des perroquets LED. Des machines à brouillard. Des chapeaux de safari. Et, écoute ça – des noix de coco avec le nom de la marque servies avec des pailles compostables !

Vous prenez une minute pour vraiment assimiler ce que Brittani vient de dire, et vous avez à moitié envie de dire :

— Tu sais quoi ? Je ne vais pas gérer tes âneries maintenant. Je n'ai même pas encore ouvert Outlook. Et puis, des noix de coco ? Sérieusement ?

Mais vous ne le faites pas. Vous rassemblez simplement chaque once de professionnalisme que vous pouvez et dites :

— On en reparle quand j'aurai contacté le service juridique.

Mais vous savez que ce que vous voulez vraiment dire, c'est : *« Je laisse le service juridique bloquer cette folie pour ne pas avoir à le faire moi-même. »*

Brittani rayonne.

— Génial ! Je vais commencer à chercher des perroquets !

Elle s'éloigne en fredonnant du Beyoncé, vous laissant là, en pleine déconcertation, et vous vous demandez, *Comment se fait-il qu'elle ait encore un emploi ? Et d'où sort-elle cette plume ?*

24. TU EN PRENDS LA RESPONSABILITÉ

Ce que vous voulez vraiment dire :

Arrête d'être une feignasse de m&%de !

Alternative approuvée par les RH :

Tu en prends la responsabilité.

Scénario :

Les échéances vous submergent, vous avez les yeux qui tressautent à force de fixer une feuille Excel avec des formules si avancées que vous avez presque la conviction d'avoir accidentellement invoqué une divinité ancestrale du tableur.

. . .

Entre alors Darren de la Comptabilité, café glacé à la main, déambulant comme s'il était en train de réaliser une comédie romantique. Sans urgence et sans soucis.

— Hé, dit-il, étirant cette seule syllabe en un manifeste complet. Un petit truc rapide, tu pourrais rassembler l'analyse des coûts mise à jour pour le T3 ? Ça ne devrait pas prendre longtemps.

Vous clignez des yeux. Lentement. Parce que vous *avez* déjà rassemblé ces chiffres. La semaine dernière. Vous avez codé les cellules par couleur. Vous avez appliqué un formatage conditionnel. Vous avez littéralement *Excel-isé* votre âme dedans.

Mais Darren n'a pas ouvert le fichier. Darren, qui a été « débordé » – comprendre : assistant au MoneyFest 2025, un événement hors site de trois jours où sa principale contribution consistait en des selfies Instagram légendés *« Le grind ne s'arrête jamais ! »* et *« #FiscalAF »*.

. . .

Vous avez envie de crier : « Darren, arrête d'être une feignasse de m&%de et fais ton boulot. Ce n'est pas une conférence TED sur le café, c'est la vraie vie. »

Mais vous avez suivi la formation d'entreprise. Vous êtes une personne professionnelle. Alors, au lieu de cela, vous prenez une lente inspiration apaisante et dites simplement :

— Tu en prends la responsabilité.

Darren sourit, manquant complètement le sous-texte.

— Cool, cool. Tiens-moi juste au courant quand c'est terminé !

Il s'éloigne, sirotant son café glacé comme la vedette d'une parodie de productivité. Vous, pendant ce temps, renommez votre feuille de calcul *Le Bordel de Darren (Version Finale Finale).xlsx*, en vous demandant combien de Darren le marché du travail peut supporter avant l'effondrement total.

25. NOUS SOMMES EN PREMIÈRE LIGNE ICI

Ce que vous voulez vraiment dire :

Il faut que tu répares cette m*rde maintenant.

Alternative approuvée par les RH :

Nous sommes en première ligne ici.

Scénario :

10 h 00 : Réunion de crise générale.

Le portail client n'est pas simplement en panne – c'est

une panne *erreur-404-votre-entreprise-est-désormais-condamnée.*

Les clients sont en pleine crise. Les e-mails affluent. L'équipe panique.

Et Dylan de l'informatique ?

Introuvable.

Après une recherche frénétique, vous le trouvez dans la salle de pause, en train de déguster tranquillement un burrito de la taille d'un bébé – parce que, évidemment, Dylan fonctionne selon l'heure du burrito, pas l'heure de la crise.

Vous – la mâchoire serrée :

— Dylan. Le portail. Il est en panne depuis une heure. Les clients deviennent fous.

. . .

Dylan répond, la bouche pleine, sans aucune urgence :

— Bah, ouais. Probablement juste un petit blème avec le serveur. Je m'en occuperai après ce burrito. Faut faire le plein de glucides pour une performance optimale, vous savez ?

Vous, bien sûr, avez envie de hurler :

« DYLAN, IL FAUT QUE TU RÉPARES CETTE M*RDE MAINTENANT OU JE TE REMPLACE PAR UN CHATBOT QUI RESPECTE LES DÉLAIS. »

Mais à la place, canalisant la fureur calme d'un guerrier de bureau aguerri, vous dites :

— Dylan, nous sommes en première ligne ici. Les clients sont en train de péter un plomb. On peut réchauffer le burrito plus tard ?

Dylan soupire dramatiquement, comme si c'était lui qui souffrait.

— D'accord, d'accord. Mais après ça, je prends définitivement ma pause déjeuner.

. . .

Vous hochez la tête, rédigeant déjà mentalement une offre d'emploi intitulée :

Spécialiste informatique recherché – Doit privilégier les serveurs aux en-cas.

26. NOUS SOMMES UNE FAMILLE

Ce que vous voulez vraiment dire :

Tu crois qu'on est contents d'être ici un vendredi soir ?

Alternative approuvée par les RH :

Nous sommes une famille.

Scénario :

C'est vendredi soir et vous êtes au bureau.

. . .

Quelque part dans le monde, des gens trinquent, mangent des tacos et ne portent pas de badges.

Mais pas vous. Pas votre équipe.

Non.

Vous êtes entassés dans la salle de conférence B – une pièce qui sent en permanence le café brûlé et le regret – tous agglutinés autour d'un écran vacillant.

La présentation client est prévue pour lundi matin, et Natalie du département Événements vient de lâcher une bombe : tout son diaporama est en hiéroglyphes.

Natalie, d'une voix paniquée, commence :

— Je ne comprends pas. Ça avait l'air bien sur mon ordinateur portable !

Vous sentez la mort approcher et répondez :

— Tu l'as depuis mardi.

. . .

Natalie, les larmes aux yeux, serrant un latte au lait d'avoine comme s'il s'agissait d'une boisson de soutien émotionnel, dit :

— Oui, mais mardi c'était, genre, vraiment difficile pour moi.

Vous observez la salle : Tom en est à son cinquième Red Bull, visiblement tremblant ; Asha n'a pas cligné des yeux depuis des heures, et Jared du service juridique ? Complètement endormi. Bouche ouverte. Ronflant.

C'est alors que Natalie lâche le coup de grâce :

— Je trouve simplement que ce n'est pas juste que je doive rester tard pour réparer ça.

Oh non. Ohhh non non non.

Vous avez envie de crier :

Juste ? Natalie, tu crois qu'on est contents d'être ici un vendredi soir ? Personne ne veut être ici. C'est vendredi, bon sang ! Mes tacos sont perdus. Mon âme est perdue. On est tous morts à 18 heures.

Mais ce n'est pas ce que vous hurlez. Non.

Ce que vous dites réellement (avec la fureur calme d'un conférencier motivant à bout de nerfs) est :

— Écoute, Natalie... nous sommes une famille. Et les familles se soutiennent mutuellement, quoi qu'il arrive, n'est-ce pas ?

Natalie hoche la tête, passant enfin à une police acceptée.

Tom applaudit, Asha cligne des yeux, et Jared s'éveille de sa sieste.

27

27. POURRAIS-TU Y JETER UN SECOND COUP D'ŒIL ? ET SI TU POUVAIS LE SYNTHÉTISER, CE SERAIT PARFAIT

Ce que vous voulez vraiment dire :

Ce rapport est complètement inutile.

Alternative approuvée par les RH :

Pourrais-tu y jeter un second coup d'œil ? Et si tu pouvais le synthétiser, ce serait parfait.

Scénario :

C'est la revue hebdomadaire des ventes, et Brad vous remet son rapport « complet » des ventes du deuxième trimestre. Il fait 47 pages, ce qui semble prometteur... jusqu'à ce que vous l'ouvriez.

. . .

L'introduction ? Trois pages de baratin d'entreprise. Il y a 12 graphiques sans étiquette qui semblent davantage basés sur des suppositions que sur des données réelles. Et la diapositive 26 ? Une capture d'écran floue de... quelque chose. Excel ? Une maison hantée ? Impossible de savoir.

La conclusion finale ? « Les ventes... se produisent. »

Pendant ce temps, Brad est confortablement assis dans son fauteuil, fier, comme s'il venait de résoudre les problèmes de la paix dans le monde. Vous le regardez fixement avec la tentation de demander :

— Brad, est-ce que ton chat a marché sur ton clavier ? As-tu soudoyé un raton laveur pour créer ces diapositives ? Parce que ce rapport est inutile ! Crois-moi, j'ai vu plus de perspicacité sur un bouchon de Snapple !

Mais vous êtes une personne professionnelle. Et les pros ne font pas ça ici. Alors, vous serrez votre tasse réutilisable comme si c'était une bouée de sauvetage, et d'une voix calme, vous dites :

— Brad, merci d'avoir préparé tout ça ! Pourrais-tu y jeter un autre coup d'œil, cependant ? Et si tu pouvais le synthétiser, ce serait parfait. Essaie juste de... distiller les points essentiels. Et peut-être d'utiliser des mots concrets plutôt que des concepts abstraits, si possible.

Brad hoche gravement la tête, comme si vous aviez parlé en code, et lance à nouveau PowerPoint sans se rendre compte de rien.

— Tout à fait ! Je vais ajouter plus de... trucs de données.

Vous souriez et acquiescez tout en mourant un peu à l'intérieur.

28. TU AS UNE MINUTE POUR DISCUTER RAPIDEMENT ?

Ce que vous voulez vraiment dire :

Tu es dans un sacré pétrin maintenant.

Alternative approuvée par les RH :

Tu as une minute pour discuter rapidement ?

Scénario :

Toute l'équipe a été lâchée dans un bar de yaourt glacé en libre-service parce que votre manager a lu un article intitulé *Donnez de l'autonomie à votre personnel* et a pensé que c'était une métaphore brillante.

. . .

Les gens rient, conversent, créent des liens autour des garnitures de miettes de biscuits.

Puis Connor arrive.

Connor, du service juridique, rôde près des garnitures comme s'il repérait les lieux. Au début, vous ne prêtez pas attention à lui, jusqu'à ce que vous le remarquiez en train de mettre directement des Reese's cups dans un sac Ziploc qu'il a apporté de chez lui.

Vous clignez des yeux.

Puis il s'attaque aux M&M's aux cacahuètes, puis aux mochis. Maintenant, il remplit un deuxième sac.

Vous vous figez – pas à cause du yaourt glacé, mais par incrédulité pure. Vous regardez autour de vous. Quelqu'un d'autre voit ça ? Non. Juste vous. Et, derrière le comptoir, l'adolescente employée du magasin, qui est déjà en train d'appeler frénétiquement son responsable.

. . .

Vous marchez vers Connor avec l'envie de chuchoter-crier :

— Connor, tu es dans un sacré pétrin ! As-tu regardé autour de toi ? Ce n'est pas Costco. Tu ne peux pas faire de la contrebande en gros de garnitures comme si tu te préparais pour l'apocalypse.

Mais vous ne le faites pas – vous restez aussi cool que le yaourt glacé. Vous prenez une respiration, puis tapoter sur son épaule et vous dites :

— Hé Connor, tu as une minute pour discuter rapidement ?

Vous savez à son expression qu'il a saisi votre message télépathique : « *Pose les oursons en gélatine et éloigne-toi des garnitures, espèce de bandit de snacks.* »

Connor, déconcerté, demande :

— Oh... il y avait une limite ?

. . .

Vous inspirez profondément et répondez.

— Oui, Connor. La limite était une coupe – pas une scène d'*Ocean's 11 : Édition Dessert*.

Comme un videur dans une convention de bonbons, vous le guidez dehors tandis que Connor marmonne quelque chose à propos des « avantages pour les employés ». Pendant ce temps, l'ado vendeuse du yaourt glacé vous adresse un pouce levé reconnaissant.

Vous avez évité de justesse le grand vol de garnitures de l'année.

Vous vous souvenez que le travail de Connor la semaine prochaine comprend une formation obligatoire sur l'éthique. Avec vous. Sur Zoom.

Vous préparez déjà les diapositives.

Et la première dit définitivement : *Tu ne voleras point les bonbons.*

29. IL Y A BEAUCOUP À DÉMÊLER ICI

Ce que vous voulez vraiment dire :

C'est quoi ce délire ?

Alternative approuvée par les RH :

Il y a beaucoup à démêler ici.

Scénario :

C'est le deuxième jour de la retraite « détox numérique » de l'entreprise. L'endroit ? Un chalet dans les bois, suspicieusement humide.

. . .

Vous êtes tous assis en cercle sur des poufs, sirotant une tisane tiède qui a un goût d'angoisse existentielle. Cela fait 36 heures sans Wi-Fi, sans caféine, et sans le moindre brin de santé mentale. Votre téléphone a été enfermé dans une « boîte de remise technologique » hier, et vous avez la certitude, à 98 %, que quelqu'un a pleuré pendant le cercle de respiration matinal.

Entre Aubrey. Nouvelle recrue. Département inconnu. Possiblement des RH. Possiblement guide spirituel à temps partiel. Définitivement un TED Talk ambulant en Birkenstock.

Aubrey lève la main au milieu du cercle, les yeux brillants du zèle de quelqu'un qui n'a jamais utilisé Excel, et dit :

— Je pense que si nous alignons nos chakras avec nos OKR trimestriels, nous atteindrons enfin la synergie du troisième trimestre.

Vous la fixez du regard. Tout le monde hoche solennellement la tête. Quelqu'un murmure : « Puissant ». Quelqu'un d'autre le note comme s'il gravait les Dix Commandements.

Vous n'en croyez pas vos oreilles et vous voulez dire :

— C'est quoi ce délire ? Les chakras n'entrent pas dans les tableaux croisés dynamiques, Aubrey.

Mais dire cela vous vaudrait beaucoup de regards méprisants. Alors, tout en vous massant les tempes comme si elles abritaient une migraine faite de PowerPoint, vous dites plutôt :

— Il y a beaucoup à démêler ici.

Vous hurlez intérieurement : *C'est une secte. Vous avez rejoint une secte. Et maintenant j'en fais partie aussi à cause d'une invitation Slack.*

Aubrey rayonne, imperturbable.

— N'est-ce pas ? Je sens vraiment que si nous recadrons les KPI comme des intentions de développement personnel...

Vous levez votre tasse.

— D'accord, je t'arrête là avant de...

Votre manager, pieds nus et drapé dans un poncho de team-building tissé à la main, intervient :

— Revenons sur ce point après le fredonnement méditatif.

Vous respirez profondément. Non pas parce que c'est ancrant, mais parce que c'est soit ça, soit complètement décrocher mentalement.

30. ÉTABLISSONS UN PROCESSUS

Ce que vous voulez vraiment dire :

Tu as merdé... *une fois de plus ?*

Alternative approuvée par les RH :

Établissons un processus.

Scénario :

Nous sommes jeudi, 15 h 22, et la présentation client est dans une heure.

. . .

C'est l'échéance finale – enfin, la troisième échéance finale parce que quelqu'un n'arrête pas de « juste faire quelques ajustements ». Vous n'avez pas dormi correctement depuis des jours. Vous êtes 70 % caféine, 30 % rage bouillonnante. Et cette présentation PowerPoint ? Elle a connu 12 versions. *Douze.* À ce stade, elle pourrait presque prétendre à une retraite.

Vous ouvrez le fichier qu'Éric du Marketing a juré – le mot-clé étant juré – être peaufiné, vérifié et prêt à éblouir.

Vous cliquez sur la diapositive 1, mais c'est le nom du mauvais client. Diapositive 2 ? Le logo de leur concurrent. Diapositive 3 ? Un dauphin. Pas une métaphore intelligente. Pas une mascotte de client. Juste une photo plein écran d'un dauphin souriant comme s'il savait quelque chose que vous ignorez.

Vous clignez des yeux et vous les frottez. Puis, vous cliquez à nouveau sur la troisième diapositive.

Oui ! Toujours là. Toujours très aquatique.

. . .

Lentement, vous pivotez sur votre chaise et vous vous tournez vers Éric, qui mâche tranquillement des bretzels comme s'il n'avait pas juste téléchargé un PowerPoint tout droit sorti d'un délire fiévreux. Vous mourez d'envie de dire :

— Éric. Tu as merdé... une fois de plus ? Tu gères une activité parallèle dans le sabotage ?

Mais vous ne le faites pas. Parce qu'Éric vous dénoncerait pour « agressivité » au travail. Donc, vous dites calmement :

— D'accord... établissons un processus pour l'avenir – quelque chose de simple, comme... s'assurer que la présentation n'inclut pas de vie marine ou de logos qui pourraient faire couler le compte.

Éric lève les yeux, arrête de mâcher et rit.

— Oh bizarre ! J'ai peut-être téléchargé la mauvaise version. J'en avais, genre, quatre d'ouvertes. Haha.

. . .

Vous ne faites pas écho à ce « haha ». Au lieu de cela, vous ouvrez votre fichier de sauvegarde (Final_Final_VraimentFinal_CELUICIv2.pptx) et commencez à corriger chaque diapositive. Encore une fois. Dauphin ? Supprimé. Réputation de l'entreprise ? Sauvée.

Éric, toujours béatement employé, s'éloigne, bretzels en main.

31. JE N'AI PAS DE BANDE PASSANTE EN CE MOMENT

Ce que vous voulez vraiment dire :

J'ai déjà assez de m*rdes à gérer.

Alternative approuvée par les RH :

Je n'ai pas de bande passante en ce moment.

Scénario :

Vous profitez enfin de votre premier moment de paix ce mois-ci – jogging enfilé, burrito du petit déjeuner en main, sur le point de regarder cette série Netflix dont tout le monde parle. En plus, c'est un dimanche détente.

. . .

Puis vient le redoutable *PING* de Margaret des RH. Son message Slack enjoué explose dans votre téléphone comme une sirène d'alarme :

« Salut l'équipe ! Juste une petite demande de weekend : pourriez-vous tous mettre à jour vos objectifs de développement professionnel dans le portail d'ici ce soir ? La direction veut les examiner dès lundi matin ! :) »

Vous manquez de vous étouffer avec votre guacamole. Le portail de développement professionnel ? Celui-là même qui a planté trois fois la semaine dernière ? Qui nécessite un processus de connexion en 12 étapes que personne ne peut expliquer – pas même le service informatique ? Et Margaret a l'audace d'envoyer ça depuis son matelas flottant (vous pouvez littéralement voir le serveur du bar dans sa photo de statut Slack).

Chaque cellule de votre corps a envie de répondre : *Margaret, j'ai déjà assez de m*rdes à gérer ! Mon « développement professionnel » en ce moment consiste à me souvenir du dernier jour que j'ai passé sans avoir eu à vérifier mon* *téléphone ! Le seul « objectif » sur lequel je travaille est d'enlever le guacamole de mon jogging !*

Mais à la place, vous prenez une profonde inspiration – et une gorgée encore plus profonde de votre mimosa avant de taper :

« Merci pour l'info, Margaret ! Malheureusement, je n'ai pas de bande passante en ce moment. Je priorisai ça lundi matin ! »

La réponse inévitable de Margaret arrive avant même que vous ne repreniez une bouchée :

« Pas de problème ! Quand vous pourrez ! :) »

Ce qui, vous le savez maintenant, se traduit par : *Je vais envoyer des rappels de plus en plus passifs-agressifs toutes les 90 minutes jusqu'à ce que vous obtempériez.*

Vous envisagez brièvement de répondre avec une

photo de vos jambes en jogging posées sur la table basse, mais vous déployez plutôt l'option nucléaire :

- Couper les notifications.

- Vous servir un deuxième mimosa.

- Et prévoir mentalement que votre mot de passe du portail va « mystérieusement cesser de fonctionner » lundi matin.

Les objectifs de développement professionnel ? Ils peuvent attendre jusqu'à ce que Margaret développe un peu de courtoisie professionnelle.

32. JE RECHERCHE PLUTÔT UN CHANGEMENT DE PARADIGME

Ce que vous voulez vraiment dire :

C'était une suggestion vraiment idiote.

Alternative approuvée par les RH :

Je recherche plutôt un changement de paradigme.

Scénario :

Vous êtes dans la salle de conférence avec l'équipe de développement de produits et Jack du service commercial. La réunion était censée porter sur l'élargissement de la gamme d'articles ménagers haut de gamme de l'entreprise – notamment aspirateurs de luxe, purificateurs d'air intelligents et mobilier ergonomique pour le professionnel moderne. Vous avez discuté des lignes de produits, de l'expansion du marché et de l'expérience utilisateur.

Jack, cependant, semble avoir manqué la note de service.

Il est resté silencieux pendant la majeure partie de la réunion, mais maintenant, il s'est redressé sur sa chaise, feuilletant frénétiquement une pile de papiers. Vous vous préparez mentalement, car vous savez que Jack est l'un de ces types qui a toujours « la prochaine grande idée », et c'est généralement un peu... déjanté.

Il se lève et frappe dans ses mains, souriant comme s'il venait de percer le Da Vinci Code.

— D'accord, écoutez-moi : des meubles. Mais rendons-les *intelligents*. Pas simplement connectés mais *émotionnels*. Je parle de canapés qui suivent votre humeur. Ils se synchronisent avec vos données biométriques. En cas de stress, les coussins s'assouplissent. Si vous êtes heureux, la base LED s'allume en mode fête. Nous appellerons ça... *Meublemotion*.

. . .

Vous clignez des yeux. Lentement. Deux fois.

Votre cerveau commence à se demander s'il a consommé trop de café, et si c'est pour cela que vous entendez ça. Autour de la table, tout le monde semble également stupéfait, et vous voyez quelqu'un articuler silencieusement « Meublemotion ? » avec incrédulité. Jack vient-il vraiment de proposer de créer des canapés sensibles ?

— Quoi ? demandez-vous finalement, car il faut bien que quelqu'un le fasse.

Jack hoche la tête avec enthousiasme.

— Oui ! Réfléchissez-y ! Des colliers pour chiens avec du style. Un symbole de richesse pour votre animal. Oubliez les trucs bon marché, ces colliers sont une déclaration.

La salle devient complètement silencieuse.

. . .

Vous avez l'impression d'être sur le point d'imploser. La réunion était censée porter sur l'expansion des produits ménagers haut de gamme, pas sur des accessoires de luxe pour animaux. Honnêtement, vous voulez dire :

« Jack, c'était une suggestion vraiment idiote. Quelle sera la prochaine ? Une causeuse qui pleure quand on s'épanche dessus ? Un fauteuil inclinable qui alerte le thérapeute ? As-tu trop regardé *Black Mirror* ? »

Mais ce que vous dites réellement, tout en forçant un sourire professionnel qui donne l'impression qu'il pourrait fissurer votre mâchoire, c'est :

— Concept intéressant, Jack. Je recherche plutôt un changement de paradigme, quelque chose qui bouleverse le marché d'une manière inédite.

Ce que vous voulez vraiment dire, c'est : *Je préférerais vendre des déboucheurs plaqués or plutôt que d'essayer de commercialiser un canapé émotionnel. Mais bien sûr, Jack. Jouons à faire semblant.*

. . .

Jack, totalement inconscient de votre incrédulité, griffonne des notes comme s'il était sur le point de révolutionner l'industrie du meuble.

— Ouais, ouais, on va peaufiner les détails. Ça va cartonner, croyez-moi.

Vous acquiescez, vous demandant secrètement si vous avez pénétré par accident dans un univers parallèle.

Alors que Jack continue d'expliquer sa vision avec enthousiasme, vous vous demandez si vous pourrez survivre à cette réunion sans rire, pleurer, ou faire les deux simultanément.

33. SOUHAITEZ-VOUS INTERVENIR ?

Ce que vous voulez vraiment dire :

Arrête de gribouiller p*tain !

Alternative approuvée par les RH :

Souhaitez-vous intervenir ?

Scénario :

C'est une nouvelle séance de remue-méninges en équipe.

. . .

L'objectif ? Une réunion productive sur le lancement du prochain produit.

La réalité ? Cela s'annonce soit comme un désastre, soit comme l'origine de votre histoire de super-vilain.

Vous scrutez la salle. On débat des indicateurs et des stratégies marketing – mais pas Anna du département de la comptabilité. Vous savez qu'elle est habituellement perspicace, mais en ce moment, elle fixe l'écran du projecteur d'un regard vide.

En fait, elle ne fait même pas semblant de prêter attention à la discussion. Non, Anna est plongée dans ce qu'on ne peut décrire que comme une transe de gribouillage.

Son stylo tourbillonne sur son bloc-notes avec une intensité qui suggère qu'elle esquisse le sens même de la vie. Est-ce une fleur ? Un chat ? Un cri à l'aide abstrait ?

. . .

Quoi que ce soit, elle y met des détails inquiétants pendant que le reste de l'équipe se débat avec les projections des ventes.

Vous en avez assez. Le moment Picasso d'Anna ressemble à une protestation subtile – ou à un signe qu'elle est à deux doigts de craquer dans ce cirque corporatif.

Vous envisagez brièvement de dire :

Anna, arrête de gribouiller p*tain et concentre-toi ! Tu ne prépares pas une exposition d'art, et la seule chose que tu dessines, c'est ta stratégie de sortie professionnelle.

Mais vous ne voulez pas faire preuve d'impolitesse, alors vous optez simplement pour :

— Anna, souhaitez-vous intervenir ? Vous semblez très... inspirée là-bas.

Vous espérez qu'elle comprendra que vous voulez dire :

. . .

D'accord, Anna. Pose ce stylo avant que je ne perde ce qui me reste de santé mentale. Peut-être pourrais-tu contribuer au lieu de concevoir la prochaine tendance artistique d'employé frustré ?

Anna lève et cligne des yeux comme si elle venait de réaliser que d'autres humains existent.

Son visage s'illumine comme si elle était sur le point de livrer une révélation qui changerait sa vie.

Au lieu de cela, elle dit :

Oh ! Désolée, j'étais juste... eh bien, je pense que je peux expliquer ça plus tard. Mais ça pourrait totalement être le prochain logo de l'entreprise. Genre... plus funky, vous voyez ?

Vous prenez une longue et profonde respiration, réprimant l'envie d'envoyer la télécommande du projecteur en orbite.

— Je m'en souviendrai, Anna. Peut-être en discuterons-nous... lors de la prochaine réunion financière.

Elle hoche la tête, complètement imperturbable, et retourne à ses gribouillages.

Alors que la réunion traîne en longueur, vous jetez un coup d'œil au chef-d'œuvre grandissant d'Anna et vous vous demandez s'il ne s'agit pas d'une métaphore de votre vie : entouré de chaos, tenant à peine le coup, pendant que quelqu'un d'autre transforme son bloc-notes en galerie d'art née du stress.

34. METTONS CETTE IDÉE DE CÔTÉ

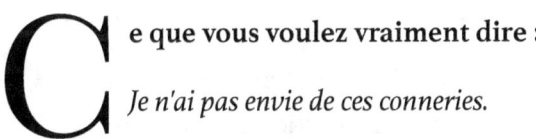

Ce que vous voulez vraiment dire :

Je n'ai pas envie de ces conneries.

Alternative approuvée par les RH :

Mettons cette idée de côté.

Scénario :

Vous êtes sur la dernière ligne droite. Le week-end est si proche que vous pouvez presque sentir le goût du Pinot Grigio qui vous attend dans votre réfrigérateur. Encore cinq minutes de cette réunion, qui se dresse entre vous et la douce liberté. C'est alors que le chaman technologique du service informatique, Steve, s'éclaircit la gorge avec la gravité de quelqu'un sur le point de révéler le sens de la vie.

— J'ai effectué des diagnostics sur nos points sensibles de bande passante, commence-t-il, les yeux brillants. Et si nous... migrions vers une topologie de réseau maillé ?

Vous connaissez cette chanson :

- **Couplet 1 :** L'« idée révolutionnaire » de Steve (en fait, la même proposition que le mois dernier).
- **Refrain :** Vagues promesses de « connectivité transparente ».
- **Pont :** Tout le monde fait semblant de s'y intéresser.
- **Outro :** Rien ne change vraiment.

Vous êtes là, hochant poliment la tête, faisant de votre mieux pour ne pas avoir le regard vide parce qu'aucune partie de vous n'est même vaguement intéressée par ce qu'il dit. Vous vous en fichez. Vous subissez les interminables digressions techniques de Steve depuis des mois, et vous n'en pouvez tout simplement plus.

Vous êtes à deux doigts de dire :

— Steve, je n'ai pas envie de ces conneries. Ta dernière « solution infaillible » a fait hurler l'imprimante comme une banshee chaque fois que quelqu'un envoyait un PDF.

Mais ce que vous dites réellement, en chassant toute émotion de votre voix, c'est :

— Fascinant ! Mettons cette idée de côté et reprenons-la quand nous serons tous... *plus dispos.*

Vous espérez qu'il percevra le sarcasme. Cependant, il ne remarque pas votre lutte intérieure. En fait, il est déjà en train de griffonner d'autres notes, se préparant à envoyer un e-mail à tout le monde après la réunion pour détailler son « idée incroyable ».

Lorsque la réunion se termine enfin, vous sprintez vers l'ascenseur en un temps record, mais vous entendez Steve vous appeler :

. . .

— Attendez ! Est-ce que j'ai mentionné la possibilité d'intégration de la blockchain ?!

Vous appuyez sur le bouton « fermeture des portes » avec une ferveur religieuse. Quelque part, une bouteille de vin fait sauter son bouchon en signe de solidarité.

35. VEUILLEZ PILOTER CE PROJET

Ce que vous voulez vraiment dire :

Mais démer**-toi et débrouille-toi.

Alternative approuvée par les RH :

Veuillez piloter ce projet.

Scénario :

C'est jeudi après-midi, et le bureau bourdonne d'activité alors que tout le monde s'empresse de finaliser ses projets avant le week-end. Vous êtes au téléphone avec Tom, un membre junior de l'équipe qui ne comprend vraiment rien. Tom adore le son de sa propre voix – et déteste apparemment Google, car chaque question qu'il pose pourrait être résolue en 0,3 seconde avec une barre de recherche.

La crise du jour ? L'étape quatre d'une tâche que vous lui avez expliquée trois fois. Vous lui avez envoyé des instructions étape par étape. Vous lui avez même concocté un guide digne d'être exposé dans un musée. Et maintenant, 30 minutes après le début de l'appel, Tom est toujours confus.

Votre patience est à bout. Votre taux de caféine encore plus bas. Et la confusion sans fin de Tom est la cerise sur le gâteau d'une journée déjà frustrante.

Vous avez envie de vous emporter verbalement et de dire :

— Tom, démer**-toi et débrouille-toi. Je t'ai expliqué ça 50 fois. Utilise ton cerveau, arrête de m'appeler, et gère-le – ce n'est pas de la physique nucléaire !

Mais vous vous rappelez qu'il est encore débutant, alors vous parvenez à garder un ton égal et vous dites :

. . .

— Tom, j'ai besoin que vous pilotiez ce projet. Je suis convaincu que vous pouvez prendre les rênes et le mener à terme.

Avec un peu de chance, il comprendra que vous voulez dire : *Tom, je vous en prie, pour l'amour du ciel, prenez vos responsabilités. Je ne suis pas votre baby-sitter. Je suis à deux doigts de vous confier l'organisation des trombones à plein temps.*

En vous remettant au travail, vous vous demandez combien de temps s'écoulera avant que Tom n'envoie accidentellement un e-mail à toute l'entreprise pour demander comment joindre un fichier, encore une fois.

36. JETONS UN COUP D'ŒIL GLOBAL AUX DOCUMENTS

Ce que vous voulez vraiment dire :

Non, je ne lirai pas tout ça.

Alternative approuvée par les RH :

Jetons un coup d'œil global aux documents.

Scénario :

Vous venez de rentrer d'une semaine glorieuse de congé – sept jours bénis à regarder des séries en rafale, à ignorer vos e-mails et à faire comme si le travail n'existait pas. Mais maintenant, vous êtes de retour. À votre bureau. Devant une montagne d'e-mails, chacun plus ridicule que le précédent.

Vous ouvrez le premier, de Sarah du service juridique. Les e-mails de Sarah ne sont pas de simples e-mails ; ce sont des *romans*. Chaque détail, chaque clause et chaque virgule est méticuleusement documentée. Il y a une raison pour laquelle elle envoie les e-mails les plus longs de l'entreprise : elle traite chaque message comme s'il s'agissait d'un potentiel litige contractuel.

Celui-ci ? 10 pièces jointes. Chacune plus longue que la précédente. L'e-mail lui-même est un prologue de trois paragraphes concernant un nouveau contrat. Au deuxième paragraphe, vous remettez déjà en question vos choix de vie. Au troisième, vous avez décidé qu'il n'y a aucune chance que vous vous tapiez tout ça aujourd'hui.

Vous avez vraiment envie d'écrire :

— Sarah, je ne vais pas lire tout ça. Il n'y a aucune chance que je me plonge dans ce roman juridique maintenant. Peux-tu me faire un résumé, ou mieux encore, m'envoyer un texto quand la partie intéressante commence ? Mon cerveau fonctionne à peine et je n'en suis qu'à mon premier café.

Bon, vous pourriez dire ça, mais vous devez être plus diplomatique. Vous devez jouer le jeu. Vous êtes de retour au bureau maintenant, alors il est temps de « professionnaliser » votre frustration.

Dans cet esprit, vous répondez simplement :

— Merci de m'avoir envoyé cela, Sarah. Jetons un coup d'œil global aux documents pour l'instant et plongeons dans les détails une fois que j'aurai mieux saisi les points principaux.

Traduction ? *Sarah, je respecte ton enthousiasme, mais je ne vais pas lire ces 87 pages aujourd'hui. Mon cerveau est encore au bord de la piscine, et je préférerais récurer le micro-ondes du bureau plutôt que de patauger là-dedans maintenant. Donne-moi juste la version abrégée, s'il te plaît.*

Sarah, toujours efficace, répond en quelques minutes :

. . .

— Bien sûr, pas de problème ! Je vais résumer les points clés pour vous.

Le soulagement vous envahit. Jusqu'à ce que vous réalisiez que l'idée d'un « résumé » pour Sarah est probablement un e-mail de 10 paragraphes détaillant chaque point. Mais bon, ce sera quand même plus court que le document original.

Petites victoires.

Vous jetez à nouveau un coup d'œil à votre boîte de réception, et juste au moment où vous commencez à envisager de prendre vos jours de congé de l'année prochaine, vous réalisez que ce n'est que le *premier* e-mail. Il y a toute une montagne à gravir. Peut-être que la stratégie du « coup d'œil global » est la seule qui vous permettra de garder l'esprit sain. Ou au moins de passer le lundi sans dépression nerveuse.

37. NOUS DEVONS TOUS NOUS IMPLIQUER PERSONNELLEMENT

Ce que vous voulez vraiment dire :

Arrête de faire semblant de travailler et fais quelque chose de concret.

Alternative approuvée par les RH :

Nous devons tous nous impliquer personnellement.

Scénario :

C'est jeudi après-midi, et vous avez enchaîné les réunions toute la journée. La campagne qui sera lancée demain a consumé chaque once de votre énergie. Vous jonglez avec des épées enflammées tout en marchant sur un fil, essayant désespérément d'éviter que tout s'effondre.

Au moment où vous êtes sur le point de reprendre votre souffle, Janine des Opérations entre en valsant.

Janine, qui évolue dans son propre univers, fait nonchalamment défiler son téléphone d'une main, sirotant son kombucha de l'autre. Elle flotte devant votre bureau comme une publicité Instagram vivante, complètement inconsciente de l'échéance imminente et de la panique collective qui règne dans l'air.

Vous êtes sur le point de lui rappeler, poliment, que nous travaillons tous vers le même objectif quand vous l'entendez au téléphone :

— Oui, je pense qu'on a besoin de plus de temps pour ça. Peut-être une semaine ? Je ne sais pas ; on en discutera plus tard.

Plus tard ?! L'échéance, c'est *demain*. Il n'y a pas de « plus tard ». Janine, pendant ce temps, mène un débat philosophique sur la gestion du temps tout en sirotant son thé fermenté.

Vous respirez profondément, esquissez un sourire poli et vous approchez.

Intérieurement ? Vous voulez lui demander : *Janine, vis-tu dans un monde sans stress ? Peux-tu arrêter de faire semblant de travailler et faire quelque chose de concret ? Peut-être consulter le calendrier des échéances au lieu d'Instagram pour une fois !*

En réalité, et avec une patience monacale, vous dites :

— Janine, nous devons tous nous impliquer personnellement ici. La campagne va être lancée demain, et nous devons être concentrés à 100 %. Pouvez-vous vous focaliser là-dessus ? La « discussion » dont vous parlez ? Mettons-la de côté jusqu'à ce que la campagne soit en ligne, d'accord ?

Janine, au milieu d'une gorgée de kombucha, vous fait un signe de tête rêveur.

— Oh oui, bien sûr, pas de problème. Je vais juste terminer mon appel téléphonique et puis m'y mettre.

Vous sentez votre œil tiquer, mais vous acquiescez quand même, résistant à l'envie de vous cogner la tête contre le bureau.

Alors que Janine s'éloigne à pas lents pour continuer sa tournée de déni d'échéance, vous vous demandez comment elle continue à percevoir un salaire. Peut-être, juste peut-être, qu'une fois la campagne terminée, elle comprendra que « plus tard » n'existe pas quand il y a un arrêt brutal prévu le jour suivant !

38. VOUS DEVRIEZ CONTACTER JOHN

Ce que vous voulez vraiment dire :

C'était une sacrée boulette. Tu vas devoir implorer la clémence.

Alternative approuvée par les RH :

Vous devriez contacter John.

Scénario :

Vous entrez dans ce qu'on ne peut décrire que comme une zone sinistrée en entreprise. Raul des ventes est figé devant le projecteur, sa présentation PowerPoint brillant encore fièrement à l'écran :

. . .

Stratégie commerciale de l'entreprise (Suivie immédiatement d'une capture d'écran accidentelle de ses messages Tinder)

Le client – un compte majeur responsable de 45 % du chiffre d'affaires – est assis là, les yeux écarquillés, avec l'expression de quelqu'un qui vient d'assister à un accident de voiture au ralenti. Le dernier message visible à l'écran indique : « T'es dispo ? (avec un émoji pêche et gouttes d'eau) ».

Ce que vous savez, c'est que :

- Raul « vérifiait juste rapidement son téléphone » avant la réunion.

- Il a réussi d'une façon ou d'une autre à partager tout son écran au lieu de sa présentation soigneusement préparée.

Le VP Finance du client se masse doucement les tempes comme s'il essayait d'effacer les dernières minutes de sa mémoire.

Vous avez envie de secouer la tête et de dire :

— Raul, c'était une sacrée boulette. Tu vas devoir implorer la clémence. Commence à rédiger ton testament. J'ai entendu dire que les RH cherchent des volontaires pour la prochaine mission sur Mars. Tu pourrais peut-être t'inscrire.

Mais vous ne pouvez pas dire ça. Alors, vous fermez l'ordinateur portable et dites :

— Raul, vous devriez contacter John. Tout de suite.

Vous espérez que votre ton et vos yeux transmettront que : *John du service juridique est le seul qui puisse éventuellement nettoyer ce gâchis. Même dans ce cas, c'est une solution désespérée. Il est temps de commencer à prier, mon pote.*

. . .

Raul, l'air d'avoir vu un fantôme, murmure :

— John... du service juridique ?

Vous hochez la tête, le visage grave, comme si vous lui donniez le dernier conseil dont il aura jamais besoin.

Le VP Finance du client se lève, fixe l'écran une dernière fois et prononce les quatre mots les plus dévastateurs de l'histoire de l'entreprise :

— Nous vous recontacterons. Peut-être.

Alors que la porte se referme derrière eux, Raul se dégèle enfin, le visage pâle et tremblant.

— Alors... c'est grave ?

Vous lui tendez la carte de visite de John sans un mot, comme si c'était son dernier espoir.

. . .

— Dis-lui que tu es prêt à être muté. N'importe où. De préférence loin de cette planète.

39. J'AIMERAIS JUSTE REBONDIR SUR CE QUE VOUS AVEZ DIT

Ce que vous voulez vraiment dire :

Pourquoi est-ce qu'on m'a convoqué(e) à cette réunion ?

Alternative approuvée par les RH :

J'aimerais juste rebondir sur ce que vous avez dit.

Scénario :

Vous assistez à la réunion stratégique hebdomadaire, et depuis 40 minutes, ce n'est qu'un flou de mots à la mode, de diapositives PowerPoint mal exécutées et de déclarations vagues qui n'ont même pas de sens.

L'équipe est plongée dans une discussion sur la « synergie », le « pivotement » et « l'exploitation des verticales » – des mots qui semblent signifier quelque chose mais qui ont l'impact émotionnel d'une éponge humide.

Et puis, il y a Daryl du département Finance. Daryl, qui déblatère depuis 10 minutes sur un nouveau « cadre d'optimisation budgétaire », un terme que vous avez à 99 % la certitude qu'il vient d'inventer. Il dessine des cercles sur le tableau blanc, parlant de « vecteurs de croissance » et « d'optimisation durable des flux de trésorerie » comme s'il tenait le secret de l'univers entre ses mains.

Pendant ce temps, vous déconnectez à 30 % et êtes à 70 % en train de vous demander même pourquoi vous vous trouvez là. Vous n'êtes pas dans la finance. Vous n'êtes pas dans la stratégie. La seule raison pour laquelle vous êtes dans cette réunion est que quelqu'un a accidentellement mis en copie l'invitation du calendrier à tout le personnel, et vous avez commis l'erreur de débutant de l'accepter.

. . .

Alors que Daryl continue son monologue, vous jetez un coup d'œil à votre téléphone, espérant qu'il vibrera avec un message d'urgence. Pas de chance. L'horloge avance, et il reste encore 45 minutes avant que vous puissiez vous échapper. Vous avez la conviction que la seule chose plus douloureuse que cette réunion serait qu'on vous force à regarder une publicité de deux heures sur les aspirateurs.

Vous envisagez sérieusement les conséquences de simplement lâcher :

— Pourquoi diable suis-je même dans cette réunion ? Je pourrais lire les ingrédients au dos d'une boîte de céréales, et ce serait une utilisation plus productive de mon temps.

Mais vous arrivez à la conclusion que vous n'aimerez pas les conséquences de tels propos. Alors, tout en hochant lentement la tête comme si vous aviez un réel intérêt (mais intérieurement vous hurlez), vous dites :

— J'aimerais juste rebondir sur ce que vous avez dit.

Nous devons nous concentrer sur l'exploitation des verticales et assurer une synergie maximisée...

Vous vous interrompez, réalisant que vous venez d'utiliser les mêmes mots à la mode que lui mais avec encore moins de conviction. Vous pensez aux deux heures de votre vie que vous ne récupérerez jamais et vous vous demandez si vous n'auriez pas dû simplement vous faire porter pâle aujourd'hui.

D'une façon ou d'une autre, la réunion continue, mais vous planifiez déjà mentalement votre évasion – directement vers la sortie la plus proche et une tasse de café suffisamment forte pour effacer les 40 dernières minutes de votre cerveau.

40. METTONS ÇA DE CÔTÉ POUR L'INSTANT ET REVENONS-Y PLUS TARD

Ce que vous voulez vraiment dire :

Arrête ton char, p*tain.

Alternative approuvée par les RH :

Mettons ça de côté pour l'instant et revenons-y plus tard.

Scénario :

C'est jeudi après-midi, et votre équipe a enfin trouvé son rythme en préparant la grande présentation client de demain. Après des semaines de va-et-vient, de réécritures de dernière minute, et une petite crise impliquant un diaporama accidentellement supprimé, vous êtes *à deux doigts* d'avoir terminé.

Tout le monde est dans sa bulle. L'équipe de design peaufine les maquettes finales. Vous effectuez le contrôle qualité des diapositives. Il règne une énergie sacrée, tacite, qui dit « ne gâchons pas tout maintenant ».

Entre alors Lori, la reine des suggestions non sollicitées et des détours chaotiques.

Lori travaille dans un autre service et n'a pas du tout été impliquée dans le projet, mais elle apparaît comme par magie à la porte de la salle de conférence avec une « idée fraîche ».

— Je pensais, commence-t-elle sans y être invitée, à l'idée que vous abandonniez tout le format des diapositives pour en faire plutôt un sketch interactif en direct ? Vous savez, quelque chose de vraiment différent et disruptif !

. . .

Vous vous figez.

Un sketch ?

Vous regardez autour de vous. Personne ne bouge. Même le stagiaire n'ose pas respirer. Car tout le monde se souvient de la dernière fois que Lori a proposé une idée comme celle-ci – cela impliquait des marionnettes en chaussettes, de la danse interprétative et un très long debriefing avec les RH.

Lori continue, délicieusement inconsciente de la tension collective qu'elle a créée :

— On pourrait se déguiser en différentes parties prenantes et jouer le parcours utilisateur ! J'ai même des accessoires qui restent de l'enterrement de vie de jeune fille de ma cousine !

Ce que vous voulez dire, c'est :

. . .

« Lori. Arrête ton char, p*tain. C'est une présentation corporate, pas une soirée amateur dans un club d'impro. Prends tes accessoires de mariage et tire-toi. »

Mais à la place, parce que vous aimez votre travail et que vous préféreriez ne pas figurer dans une vidéo de formation obligatoire des RH, vous vous affichez sous votre meilleur jour en « souriant malgré la panique » et dites :

— C'est une idée... créative. Mettons ça de côté pour l'instant et revenons-y après la présentation de demain. Pour le moment, nous devons vraiment rester alignés sur le plan actuel.

Lori vous sourit radieusement, son enthousiasme au plus haut.

— Tout à fait ! Je vais bloquer du temps la semaine prochaine pour une séance de brainstorming !

Elle s'éloigne d'un pas nonchalant, probablement pour aller déterrer les marionnettes en chaussettes.

. . .

Vous vous retournez vers votre équipe et murmurez :

— Si elle sort des accessoires, je mets le feu au projecteur.

41. IL EST TEMPS DE SE METTRE AU TRAVAIL

Ce que vous voulez vraiment dire :

Arrête tes conn*ries.

Alternative approuvée par les RH :

Il est temps de se mettre au travail.

Scénario :

C'est lundi matin. Vous venez de rentrer d'un long week-end – trois jours glorieux loin de votre boîte mail, des notifications Slack et du son abrutissant du casque Bluetooth de votre collègue qui bipe chaque fois qu'elle réactive son micro.

. . .

Votre teint est encore légèrement brûlé par le soleil, et vous êtes émotionnellement attaché(e) à votre message d'absence, et spirituellement pas prêt(e) pour ce qui vous attend.

Mais la réalité vous frappe de plein fouet. Votre agenda ? Triple réservation. Votre liste de tâches ? Une nouvelle. Et votre équipe ? Ils attendent tous comme des PNJ en quête de mission.

Entre alors Cody, l'incarnation humaine du mot « retard ».

Cody est censé diriger le lancement du nouveau produit cette semaine – vous savez, celui qui a déjà été reporté deux fois parce que quelqu'un a « accidentellement supprimé le dossier des ressources » (alerte spoiler : c'était Cody).

Il entre d'un pas nonchalant avec 20 minutes de retard, un mocha glacé dans une main et ce qui semble être un croissant à moitié mangé dans l'autre. Il porte des lunettes de soleil en intérieur parce que, apparemment, Cody vient tout juste d'être tête d'affiche à Coachella.

Vous tentez le professionnalisme :

— Bonjour à tous. Nous avons beaucoup de choses à traiter aujourd'hui...

Cody vous interrompt comme si c'était son spectacle.

— Ouais, ouais, mais d'abord, et si on commençait par un petit jeu ? Quelque chose de léger. J'ai vu ce TikTok où les équipes dessinent leur aura avec des crayons de couleur !

Vous clignez des yeux. Lentement. Deux fois. Parce que c'est forcément une blague. *Des crayons ? Des auras ? En semaine de lancement ?*

Le reste de l'équipe ricane nerveusement, comme s'ils ne savaient pas s'il fallait rire ou pleurer. Vous ? Vous serrez votre tasse de café réutilisable comme une balle anti-stress.

. . .

Un coup d'œil à la liste de tâches débordante, à la date limite imminente et au document intitulé :

URGENT_FINAL_FINAL_LANCEMENT_MAINTE-NANT_VRAIMENTCELUI-CI

...et il est clair que vous êtes à bout.

Vous êtes à cinq secondes de crier :

« Cody, arrête tes conn*ries ! Ce n'est pas un cours d'art. Il n'y a pas d'aura. Il n'y a que des livrables. Concentre-toi avant que je ne te supprime tes privilèges café. »

Mais au dernier moment, vous vous rappelez la politique des RH contre les grossièretés sur le lieu de travail, alors vous vous éclaircissez la gorge et dites :

— Bien, tout le monde, il est temps de se mettre au travail. D'abord les choses importantes...

. . .

Vous dites cela avec un sourire, mais vos yeux font la plus grande partie du travail.

Cody hausse les épaules, manifestement incapable de lire l'ambiance, et dit :

— Totalement. Mettons-nous au travail et dessinons nos couleurs d'énergie plus tard, d'accord ?

Vous ne répondez pas. Vous ouvrez simplement le tableau du projet, avancez la date limite de deux jours et priez silencieusement les dieux de la productivité d'intervenir.

Alors que la réunion commence et que Cody ouvre enfin son ordinateur portable – probablement pour regarder plus de vidéos TikTok – vous vous adossez à votre chaise et pensez :

J'aurais dû prolonger mon congé. Définitivement.

42. J'AIMERAIS ABORDER LA QUESTION DE L'ÉQUILIBRE ENTRE VIE PROFESSIONNELLE ET VIE PRIVÉE

Ce que vous voulez vraiment dire :

J'en ai marre de faire des heures supplémentaires non payées.

Alternative approuvée par les RH :

J'aimerais aborder la question de l'équilibre entre vie professionnelle et vie privée.

Scénario :

Il est 6 h 45 un samedi matin.

. . .

Vous êtes au milieu de nulle part, dans une chambre d'hôtel délabrée avec du papier peint qui se décolle et des lumières fluorescentes qui bourdonnent comme si elles tentaient activement de détruire votre âme.

La climatisation de la chambre est tombée en panne il y a trois heures, et votre corps est maintenant couvert de sueur, non seulement à cause de la chaleur, mais aussi à cause de la réalisation écrasante que vous êtes ici pour le « Camp Synergie » – la retraite de l'entreprise.

Plus précisément, vous êtes ici parce que rater cette retraite n'était pas vraiment une option. La présence était « vivement encouragée », ce qui, tout le monde le sait, est un code pour obligatoire, car Dieu nous préserve de privilégier le repos plutôt que la « synergie d'équipe ».

Refuser d'y participer aurait été discrètement noté (comprenez : un frein à votre carrière), alors maintenant vous sacrifiez votre week-end pour une séance de rapprochement d'entreprise non rémunérée, déguisée en développement professionnel.

. . .

Vos seuls compagnons sont un t-shirt à l'effigie de l'entreprise peu résistant et Brenda des RH, qui a déjà fait cinq salutations au soleil dans le couloir et qui sirote maintenant dans un thermos Yeti sur lequel est écrit « Lève-toi et travaille ».

Vous espériez avoir un week-end où vous auriez pu, vous savez, faire la grasse matinée.

Peut-être consulter vos e-mails en « mode silencieux » pour que votre patron ne puisse pas vous relancer au sujet de cette échéance « super urgente », bien qu'elle soit inscrite sur votre calendrier depuis deux semaines.

Mais au lieu de cela, on vous piège ici pour des activités de « consolidation d'équipe » qui vous donnent envie de simuler une blessure juste pour vous échapper.

Brenda frappe dans ses mains bruyamment pour attirer l'attention de tout le monde.

— Très bien tout le monde ! Avant notre randonnée matinale de gratitude, nous allons faire un exercice de journal silencieux sur « ce que le travail signifie pour notre âme ! »

Vous jetez un coup d'œil aux post-it devant vous. Les mots se brouillent à mesure que la chaleur augmente dans la pièce.

Votre âme ? Elle se trouve quelque part entre le sol collant et l'odeur des sandwichs petit-déjeuner réchauffés au micro-ondes.

Derrière vous, Karen du service commercial est en train de se disputer avec le personnel de l'hôtel à propos de la machine à café qui « ne fonctionne pas correctement », bien qu'il ne soit même pas 7 h 00 et que vous puissiez déjà entendre le son lointain d'une activité « consolidation d'équipe » se déroulant sur le parking pour briser la glace.

Vous savez que vous n'avez que deux options :

- Hurler dans les bois comme une banshee d'entreprise et risquer qu'on vous réprimande pour « expression émotionnelle excessive », ou

- Ravaler votre colère et essayer de dire quelque chose de professionnellement approprié.

Vous pouvez déjà imaginer comment la première option se déroulera, et cela impliquerait de crier quelque chose comme :

Brenda, j'en ai marre de faire des heures supplémentaires non payées. J'ai passé neuf heures hier soir à corriger le tableau de Don pendant que vous étiez tous en train de créer des liens autour d'un verre de vin et de jeux de confiance ! Maintenant, c'est à peine le matin, et vous me coincez dans une salle de conférence d'hôtel humide et mal ventilée, pour réfléchir à mon âme ?! Mon âme est fatiguée. Mon âme veut qu'on la laisse tranquille, pas qu'on griffonne dans un journal comme si j'étais un stagiaire non rémunéré !

Mais, au lieu d'élever la voix devant toute l'équipe (et de mettre tout le monde mal à l'aise), vous respirez profondément et dites :

. . .

— Vous savez, Brenda, j'aimerais vraiment aborder la question de l'équilibre entre vie professionnelle et vie privée. Je pense que cela nous aiderait à nous présenter plus énergiques et productifs.

Il semble cependant que le message lui passe complètement au-dessus de la tête, car l'instant d'après, elle dit :

— Exactement ! C'est pourquoi nous faisons du yoga de gratitude au déjeuner ! Rien ne parle mieux d'équilibre travail-vie personnelle qu'un chien tête en bas par 32 degrés tout en portant des vêtements à l'effigie de l'entreprise !

Vous hochez lentement la tête, notant mentalement de facturer l'intégralité de ce voyage sous la rubrique « indemnité pour risque émotionnel » – et de mettre enfin à jour votre CV.

43. NOUS DEVONS FAIRE PREUVE D'UN SENTIMENT D'URGENCE DANS NOTRE TRAVAIL

Ce que vous voulez vraiment dire :

Bouge tes fesses de paresseux.

Alternative approuvée par les RH :

Nous devons faire preuve d'un sentiment d'urgence dans notre travail.

Scénario :

Vous êtes en pleine tranchée face à une échéance d'équipe qui approche comme un accident de train au ralenti.

. . .

Le chat de groupe n'arrête pas de s'animer toute la journée : des diapositives en cours de finalisation, des données qu'on vérifie une seconde fois, tout le monde qui triple-vérifie ses formules Excel parce que le désastre du trimestre dernier est encore une plaie ouverte.

Tout le monde est stressé. Tout le monde est concentré.

Tout le monde, sauf Craig.

Craig, la quarantaine, propriétaire d'un petit assortiment de gilets en polaire, qui a réussi à se forger une réputation de « penseur visionnaire » tout en ne faisant absolument rien.

Il est assis dans un coin de l'open space depuis trois heures, regardant tranquillement des tutoriels LinkedIn à plein volume et donnant des conseils non sollicités comme :

On devrait peut-être commencer la présentation avec une

citation sur le leadership ? (Personne ne t'a rien demandé, Craig.)

Vous avez maintenant rédigé 90 % de la présentation, coordonné les contributions de l'équipe de données, édité les diapositives de tout le monde et redimensionné manuellement trois logos parce que Craig n'arrivait pas à comprendre comment arrêter de les déformer jusqu'à l'infini.

Et que fait Craig maintenant ?

Il mange bruyamment un yaourt. Avec ses AirPods dans les oreilles tout en regardant un TED Talk sur la « productivité ».

Vous avez juste envie de foncer vers lui, de lui arracher ses AirPods et de lui dire :

Craig. Bouge ton cul de paresseux. Si je dois encore porter cette équipe une fois de plus, je vais faire mettre mon nom sur le bâtiment de l'entreprise.

. . .

Mais vous ne le faites pas.

Vous faites pivoter votre chaise, vous faites craquer vos articulations, et canalisez votre manager intérieur, puis vous dites :

— Hé Craig, nous devons vraiment faire preuve d'un sentiment d'urgence dans notre travail en ce moment... pourrais-tu prendre en charge la compilation des diapositives de synthèse finales ?

Craig cligne des yeux. Lentement.

Puis il hoche la tête comme si vous veniez de lui confier la flamme olympique.

— Ouais, ouais. Je peux m'en charger. Donne-moi juste quelques minutes pour, euh... faire le point.

Il ouvre PowerPoint. Le fixe comme s'il n'avait jamais vu une diapositive auparavant.

. . .

Puis, naturellement, il demande :

— Alors... genre, quel est le contenu final qu'on inclut ?

Vous le regardez, sentant la mort en vous.

— Le même contenu qui est dans la présentation depuis la dernière heure, Craig.

Le stagiaire dans le coin vous envoie discrètement un message :

« S'il pose encore une question sur le contenu, je pête un câble. »

44. CONCENTRONS-NOUS SUR LES OBJECTIFS FACILES À ATTEINDRE

e que vous voulez vraiment dire :

C'est presque le week-end. Il est temps de laisser couler.

Alternative approuvée par les RH :

Concentrons-nous sur les objectifs faciles à atteindre.

Scénario :

L'horloge affiche dangereusement près de 16 heures un vendredi, et le week-end vous fait de l'œil. De l'autre côté de la pièce, Maya du service Gestion de Projet fait ce truc où elle se lève brusquement comme si elle allait annoncer le remède contre le cancer, mais c'est toujours juste pour un autre « petit point rapide ». Cette fois, elle agite un marqueur pour tableau blanc comme une baguette de chef d'orchestre.

— Écoutez tout le monde ! commence-t-elle. Nous devons sprinter sur ces dernières tâches avant la fin de journée !

Vous jetez un coup d'œil à votre liste de tâches, qui indique actuellement :

- Faire semblant de mettre à jour le CRM.
- Supprimer les vieux e-mails (auto-préservation).
- M'entraîner à avoir l'air de « travailler sérieusement » quand le patron passe.

Vous avez envie de dire :

— Maya, c'est presque le week-end. C'est le moment de se laisser rouler comme un caddie avec une roue bancale. Personne ne va sprinter nulle part sauf au bar.

. . .

Mais comme la vie en entreprise vous a appris à faire mieux que de dire ouvertement ce que vous pensez, vous hochez pensivement la tête et dites :

— Tu as tellement raison, Maya. Concentrons-nous d'abord sur les objectifs faciles à atteindre.

Le sens caché ? *Je vais « étudier les références du secteur » (regarder des vidéos de chats) jusqu'à 16 h 30, moment où je ne ferai qu'un avec la porte de sortie.*

Maya, toujours optimiste, tape dans ses mains.

— Excellente idée ! Attaquons-nous aux victoires faciles !

Elle fait un geste vers le tableau blanc, où elle a écrit « *NOTRE STRATÉGIE DE PÉNÉTRATION* » en majuscules, suivi de trois points qui disent tous « *SYNERGIE* » dans des couleurs légèrement différentes.

Vous souriez, ouvrez un tableur intitulé « *MÉTRIQUES URGENTES* », et le réduisez immédiatement pour vérifier l'heure à nouveau. Trois minutes de plus vers la liberté.

Maya, inconsciente de votre désintérêt, est maintenant en train de dessiner quelque chose avec beaucoup trop de flèches. Vous acquiescez, calculant mentalement combien de snacks vous pouvez mettre dans votre sac pour votre évasion. Le week-end est si proche que vous pouvez le goûter – et contrairement aux « tâches à accomplir » de Maya, il sera délicieux.

45. J'APPRÉCIERAIS VRAIMENT SI VOUS POUVIEZ ME PRÉVENIR UN PEU PLUS À L'AVANCE POUR CE GENRE DE TÂCHES AFIN QUE JE PUISSE ME CONCENTRER SUR UN TRAVAIL DE QUALITÉ

e que vous voulez vraiment dire :

Arrête de me balancer des trucs à la dernière minute.

Alternative approuvée par les RH :

J'apprécierais vraiment si vous pouviez me prévenir un peu plus à l'avance pour ce genre de tâches afin que je puisse me concentrer sur un travail de qualité.

Scénario :

Vous êtes au milieu de votre rituel quotidien « faire semblant d'être occupé tout en planifiant le dîner » quand Tiffany des Relations Clients se matérialise dans votre bureau avec cette marque particulière de joie maniaque qui précède toujours une catastrophe. Son sourire est large, sa boisson énergisante à moitié vide, et son sac fourre-tout affiche « Je ne suis pas autoritaire, j'ai juste de meilleures idées » dans une police exagérément bouclée.

— Hé, superstar ! gazouille-t-elle en laissant tomber un document de 47 pages sur votre clavier. Le compte Anderson a besoin d'une petite mise à jour avant leur appel de 15 h 30 aujourd'hui. Juste quelques corrections légères, quelques ajustements de mise en page, et peut-être une refonte complète des projections financières ? Tu es le meilleur !

Vous fixez le document. La « petite mise à jour » comprend :

- la réécriture de six mois de notes client que Tiffany a apparemment prises en hiéroglyphes.
- la reconstruction d'un modèle de tarification complet parce que quelqu'un (Tiffany) a utilisé la formule « un acheté, un offert » de ses coupons du week-end.

- une note adhésive qui dit « Fais que ça ressorte ! » sans plus d'instructions.

Vous envisagez de dire :

— Tiffany, arrête de me balancer des trucs à la dernière minute. Ce n'est pas un « petit service », c'est une prise d'otage. La seule chose qui va « ressortir », c'est ma santé mentale.

Mais vous ne le faites pas. À la place, avec la tranquillité d'un instructeur de yoga sous Xanax, vous dites :

— Tiffany, j'apprécierais vraiment si vous pouviez me prévenir un peu plus à l'avance pour ce genre de tâches afin que je puisse me concentrer sur un travail de qualité. Au lieu de... c'est quoi ça au juste ?

Tiffany cligne des yeux comme si vous veniez de l'insulter.

. . .

— Mais c'est juste du peaufinage ! Genre, 20 minutes maximum ! dit-elle avec l'assurance de quelqu'un qui n'a jamais vraiment ouvert un tableur.

46. IL SEMBLE Y AVOIR UN PROBLÈME AVEC L'APPROCHE ACTUELLE

Ce que vous voulez vraiment dire :

C'est vous le p*%tain de problème.

Alternative approuvée par les RH :

Il semble y avoir un problème avec l'approche actuelle.

Scénario :

Nous sommes mardi matin. Vous en êtes à votre quatrième appel Zoom de la journée, et il n'est même pas encore 11 heures.

. . .

Pourtant, votre tension artérielle a déjà atteint le même niveau que lorsque votre mère dit : « J'ai vu quelque chose sur Facebook... »

Au centre du chaos ? Vanessa du département des Opérations.

Vanessa, qui s'exprime exclusivement en termes vagues à la mode comme « rationaliser », « valeur ajoutée » et « efficacité synergique », sans rien dire de concret.

Vanessa, qui a un jour « accidentellement » supprimé le disque partagé de l'équipe, puis a enchaîné avec un GIF d'un chiot portant des lunettes de soleil accompagné de la légende « éPATTEz tout le monde ! »

Vanessa, qui insiste sur le fait qu'elle est « une visionnaire », ce qui signifie en réalité qu'elle évite le travail concret en le transformant en poésie abstraite.

La réunion d'aujourd'hui ? Une analyse post-mortem d'une présentation client qui a fait un tel plongeon qu'elle a laissé un cratère dans la réputation de l'entreprise.

Tout le monde sait pourquoi ça a échoué : Vanessa.

Elle a détourné la présentation avec son « pivot visionnaire », n'a envoyé les diapositives finales que quatre minutes avant la réunion – littéralement au moment où les gens cliquaient sur « Rejoindre » – puis a procédé à couper la parole au directeur financier du client comme si elle donnait un discours que personne n'avait demandé.

Et maintenant ? Vanessa – avec un visage parfaitement impassible – intervient :

— Je pense que nous devons réévaluer l'engagement de l'équipe envers la stratégie. L'exécution n'a pas reflété nos objectifs fondamentaux.

Vous fixez votre écran avec incrédulité, vous demandant si c'est ce qu'on ressent lors d'une projection astrale hors de son corps ou si vous êtes simplement en train d'halluciner. Vanessa est en train de tranquillement rejeter la faute sur littéralement tout le monde, y compris sur le stagiaire, qui n'était même pas impliqué dans le projet.

Vous avez vraiment envie de réactiver votre micro et de lui dire le fond de votre pensée en quelques mots :

— Vanessa. Attends une seconde ! C'est toi, le p*%tain de problème. Ce projet n'a pas échoué à cause de « l'exécution » – il a échoué parce que ta « stratégie » était entièrement construite à partir de jargon LinkedIn et de délire non maîtrisé.

Mais vous ne pouvez pas dire ça, n'est-ce pas ? On vous virerait avant même de vous donner la chance d'acheter à votre fille ce chiot en peluche qu'elle attend avec impatience depuis un mois. Alors, vous vous contentez de réactiver votre micro et de dire :

— Vanessa, il semble y avoir un problème avec l'approche actuelle. Peut-être pourrions-nous revoir certaines des hypothèses que nous avons formulées au départ ?

. . .

Vanessa hoche pensivement la tête et dit :

— Exactement ! J'avais l'impression d'être la seule en phase avec la vision.

Vous vous mettez en sourdine pour éviter d'en dire plus. Vous désactivez même votre caméra pendant quelques secondes pour pouvoir discrètement hurler en silence dans un oreiller.

La réunion se termine enfin, et vous envoyez immédiatement un message privé à votre collègue et compagnon de beuverie, James du Marketing :

« Nouveau jeu à boire : cul sec chaque fois que Vanessa utilise "alignement" pour esquiver ses responsabilités. »

Il répond brièvement :

« Direct aux urgences. »

47. J'AIME QUE LES CHOSES SOIENT FAITES D'UNE CERTAINE MANIÈRE

Ce que vous voulez vraiment dire :

Je sais comment faire mon p*%tain de travail.

Alternative approuvée par les RH :

J'aime que les choses soient faites d'une certaine manière.

Scénario :

Vous venez de terminer un appel d'équipe intense d'une heure concernant une énième demande « urgente » d'un client.

. . .

La fatigue vous gagne, mais pour la première fois de la journée, tout semble sous contrôle. Les tâches ? Déléguées. L'équipe ? Alignée. La boîte mail ? Merveilleusement calme.

Et c'est alors que Gary de la Comptabilité débarque.

Gary, le président officieux de « Opinions Non Sollicitées, S.A. ».

C'est le genre de type qui confirmerait sa présence à un repas-partage, arriverait avec un seul paquet de chips, et donnerait quand même des leçons à tout le monde sur la façon de présenter leurs plats.

D'une manière ou d'une autre, Gary a réussi à accumuler juste assez de connaissances sur votre travail pour être à la fois dangereux et exaspérant.

Son chef-d'œuvre du jour ?

. . .

Il se tient là, les mains sur les hanches, avec l'assurance arrogante de quelqu'un qui n'a jamais géré une échéance de sa vie.

— Salut, je réfléchissais au budget pour la nouvelle campagne. As-tu envisagé de revoir le calendrier pour éviter l'embouteillage de fin de mois ? Je me demandais simplement si tu y avais pensé d'un point de vue financier.

Vous sentez votre tension artérielle monter en flèche. Gary, bien sûr, pense qu'une « suggestion » est en réalité un mandat en 12 étapes impliquant des feuilles de calcul, des tableaux croisés dynamiques, et possiblement une danse interprétative de l'inefficacité.

Vous avez envie de répliquer :

— Gary. Je sais comment faire mon p*%tain de travail. Tu n'as pas besoin de me « conseiller » sur mon rôle. Ce n'est pas toi qui jongle avec les délais et les budgets, c'est moi. Continue à t'occuper de tes tableaux ; moi, je gère.

. . .

Parce que, honnêtement, c'est le cas.

Vous avez fait ça des milliers de fois, et si vous aviez un euro à chaque fois que Gary a pensé pouvoir « améliorer » quelque chose, vous vivriez déjà dans une villa au bord de la mer.

Mais vous ne répliquez pas. Non. Vous respirez profondément et dites :

— Gary, j'apprécie ton avis. Cependant, j'aime que les choses soient faites d'une certaine manière, et nous avons déjà mis un plan en place. J'ai la conviction que le calendrier fonctionnera tel quel.

Gary, qui n'a manifestement pas saisi l'allusion subtile, vous lance un regard qui hurle, « Je suis plus intelligent que toi. »

Il griffonne quelque chose dans son carnet et dit :

— D'accord, je vérifiais juste ! Je garderai un œil sur les chiffres, au cas où tu aurais besoin de soutien.

. . .

Du soutien ? De Gary ? Bien sûr.

Vous hochez poliment la tête, gardant le sourire sur votre visage tandis que votre âme hurle intérieurement.

Alors que Gary s'éloigne, vous tentez de réprimer l'envie de lui envoyer un e-mail intitulé : *Re : Arrête de microgérer mon département.*

Vous ouvrez immédiatement votre agenda et programmez un « point » avec votre supérieur. L'intitulé de la réunion ? *Comment survivre aux améliorations de processus de Gary sans changer de carrière (ou d'univers).*

Parce que si Gary continue à « améliorer » les processus, vous aurez besoin soit d'un thérapeute, soit d'un exorciste de tableaux Excel.

48. ON EN DISCUTERA EN PRIVÉ

Ce que vous voulez vraiment dire :

Je m'en fiche complètement.

Alternative approuvée par les RH :

On en discutera en privé.

Scénario :

C'est le milieu de l'après-midi, un mercredi. Productivité ? Inexistante. Votre téléphone vibre avec des rappels de calendrier pour des réunions dont vous ne vous souvenez même pas les avoir programmées. Votre boîte de réception ? Elle sonne si implacablement qu'on dirait un mini-réveil vous rappelant que votre santé mentale s'effrite, un e-mail « Petite Question » à la fois.

Vous ouvrez le dernier coupable, objet : *Petite Question à propos des rapports TPS.*

C'est de Mike du service Marketing. Mike, qui a en quelque sorte maîtrisé l'art de « faire le point » sur des choses qui n'ont pas vraiment besoin qu'on fasse le point. Mike, dont le titre officieux pourrait tout aussi bien être « Spécialiste du bourrage de boîte de réception ».

Vous cliquez sur l'e-mail. C'est une ligne qui, dans des circonstances normales, aurait été une conversation de 30 secondes. Au lieu de cela, Mike a pris l'initiative d'inclure toute l'équipe :

— Salut, je voulais juste confirmer, la police pour les rapports TPS est bien Calibri, n'est-ce pas ? Aussi, devrions-nous inclure le résumé des performances trimestrielles dans la section 3 ou 4 ?

. . .

Vous fixez l'écran, sans cligner des yeux, tandis que votre dernier brin de patience fait ses valises et réserve un aller simple loin d'ici. L'ampleur même de cette question est écrasante dans son insignifiance. La question de Mike pourrait être résolue simplement en regardant le document. Pourtant, le voilà qui entraîne toute l'équipe dans un débat trivial qui ne mérite pas une seconde de réflexion.

Votre première pensée ? Taper en retour :

— Mike, je me fiche vraiment de ce débat sur la police. Choisis-en une, tire à pile ou face, laisse ton chat décider, je m'en fiche complètement. Arrête juste de faire perdre du temps à tout le monde. Et s'il te plaît, désencombre ma boîte de réception avant que je ne commence à répondre à tes e-mails avec des mèmes.

Mais dire cela ouvrirait certainement les vannes à encore plus d'e-mails inutiles de Mike. Alors, vous optez pour la réponse professionnelle :

— Salut Mike, on en discutera en privé. Fais-moi savoir si tu as besoin d'aide pour finaliser tout ça.

Vous appuyez sur « Envoyer » et reprenez immédiatement votre vrai travail.

Le pire ? Vous savez que ce n'est pas la dernière fois que vous entendrez parler de Mike aujourd'hui. Il est probablement déjà en train de rédiger un e-mail sur la « synergie » qui atterrira dans votre boîte de réception cinq minutes après ce message-ci.

49. JE NE VOIS PAS UNE BONNE ADÉQUATION ICI

Ce que vous voulez vraiment dire :

Je te déteste.

Alternative approuvée par les RH :

Je ne vois pas une bonne adéquation ici.

Scénario:

Nous sommes jeudi matin, et vous êtes sur le point de présenter le projet sur lequel vous avez discrètement travaillé d'arrache-pied ces six dernières semaines. Vous avez construit la structure, rédigé le brief, coordonné les délais, et même créé un dossier partagé avec des sous-dossiers étiquetés (ce qui est pratiquement un langage d'amour en gestion de projet).

Tout est prêt.

Et puis, au moment où vous affichez vos diapositives lors de la réunion d'équipe, Taylor entre nonchalamment avec un café de la taille d'un bambin et dit :

— Ah oui, c'est ce truc sur lequel je t'aidais, c'est ça ?

Vous clignez des yeux. *M'aider ?*

Taylor n'a même pas jeté un œil à ce projet. En fait, la dernière fois qu'elle a touché à quelque chose en rapport avec celui-ci, elle a renommé un document « *Final_V2_utiliser_celui-ci_pour_de_vrai_FINAL2* » et a accidentellement supprimé un tableur essentiel.

Vous serrez la mâchoire et continuez. Mais ça empire.

. . .

Après la présentation – qui est d'ailleurs réussie, parce que vous avez assuré – Taylor envoie un e-mail de suivi à la direction avec un nombre suspect de « nous » et conclut par :

Ravie de continuer à faire avancer ce projet ensemble !

Vous fixez votre écran, incrédule. Votre âme se détache momentanément de votre corps. Et juste quand vous pensez que c'est fini, Taylor se glisse dans votre bureau et dit, avec un sourire qui mériterait sa propre ordonnance restrictive :

— Hé, j'ai entendu dire qu'il y a des financements pour la prochaine phase du projet. Je me suis dit que je pourrais m'impliquer et co-diriger avec toi !

Ce que vous voulez dire, c'est :

— Taylor, je te déteste. Tu n'as rien apporté, tu as aspiré le mérite comme une sorte de moustique d'entreprise, et maintenant tu veux chevaucher ce projet comme un poney de spectacle jusqu'à la prime de performance ? Absolument pas.

Mais à la place, vous inspirez profondément par le nez comme un thérapeute qui essaie de ne pas démissionner en pleine séance et dites :

— Je ne vois pas une bonne adéquation ici... en termes de rôle. Je pense que nous sommes déjà bien couverts, mais je te tiendrai au courant si nous avons besoin de soutien supplémentaire.

Taylor hausse les épaules, totalement imperturbable, et dit :

— Cool, cool. Tiens-moi juste au courant ! Je suis géniale pour lancer des choses.

Vous hochez la tête, forçant un sourire crispé, tandis qu'elle s'éloigne.

50

50. JE T'ENVERRAI LES DÉTAILS PLUS TARD

Ce que vous voulez vraiment dire :

Fiche-moi la paix. Je profite d'un moment à moi.

Alternative approuvée par les RH :

Je t'enverrai les détails plus tard.

Scénario :

C'est dimanche matin, et vous avez enfin réussi à échapper aux e-mails professionnels, aux notifications Slack et à Dave du service commercial qui envoie des « rappels amicaux » sur les prévisions du troisième trimestre en vous inscrivant à une retraite de yoga le week-end. On vous a promis de la tranquillité, du temps pour vous, et peut-être l'occasion de pleurer dans un smoothie à la betterave à 14 euros sans aucun jugement.

Vous êtes perché(e) sur un bloc de yoga en mousse dans une salle parfumée à l'eucalyptus, faisant semblant que votre corps ne fait qu'un avec la terre – même si votre ischio-jambier gauche semble préparer sa vengeance. Lentement, vous commencez à vous détendre. Les yeux fermés, respiration régulière, votre cerveau ne pense pas à votre boîte de réception pour la première fois depuis 74 heures.

Et puis, Lacey débarque comme une tornade.

Lacey est la collègue excessivement enjouée du service client qui a découvert par on ne sait quel moyen l'existence de cette retraite et a décidé que c'était l'occasion parfaite pour « renforcer l'esprit d'équipe ». Elle a déjà fait trois équilibres sur les mains et rampe maintenant sur les tapis de yoga comme un lézard sous caféine.

. . .

— OMG, salut toi !!! chuchote-t-elle bruyamment, en plongeant pratiquement dans votre bulle sacrée de zen. Alors, je me disais... puisqu'on est ensemble ici et qu'on a, genre, TOUTE LA JOURNÉE, ça te dirait qu'on revoie ensemble ce deck de présentation après ? On pourrait réfléchir à de nouvelles propositions de valeur pendant qu'on se détoxifie dans le jacuzzi !

Vous clignez des yeux. Lentement. Votre paix intérieure s'évapore comme la vapeur d'un jus de betterave hors de prix. Vous n'êtes plus en harmonie avec l'univers – vous êtes à une seconde de balancer le gong de méditation par-dessus la terrasse.

Lacey, toujours beaucoup trop près de votre visage, ajoute :

— Oh ! Et j'avais quelques idées sur tes slides de la semaine dernière. Des petites retouches, tu vois. On pourrait totalement en discuter entre les séances de yoga !

Vous avez presque envie de dire :

. . .

— Lâche-moi, Lacey ! Je profite d'un moment à moi. Je suis là pour aligner ma colonne vertébrale, pas la tendre avec du travail !

Mais vous vous rappelez que Lacey est « ce genre de fille ». Celle qui n'hésite pas à signaler une agression verbale aux RH même si c'était en dehors du bureau. Alors, vous inspirez comme si vous étiez dans l'instant présent et vous dites :

— Totalement ! Je t'enverrai les détails plus tard. Restons dans le moment présent pour l'instant, d'accord ?

Sa réponse ?

— Oui ! Tu as tellement raison. On *doit* rester dans le présent ! Argh, je suis nulle pour ça. Tu es tellement, genre, ancré(e). Je vais juste noter rapidement mes idées dans mon téléphone pour ne pas oublier...

Elle sort son téléphone et commence à taper frénétiquement en pleine méditation. Vous fermez à nouveau les yeux, non pas pour être mindful, mais pour imaginer brièvement ce que ça ferait de lancer ce téléphone dans le bassin de carpes koï le plus proche.

51. CONCENTRONS-NOUS SUR DES SOLUTIONS CONCRÈTES

Ce que vous voulez vraiment dire :

Encore une idée farfelue de notre génie.

Alternative approuvée par les RH :

Concentrons-nous sur des solutions concrètes.

Scénario :

Il est 10 h 04, et il ne s'est écoulé que quatre minutes d'une réunion debout qui était censée ne durer que 15 minutes. Vous regrettez déjà de ne pas avoir prétendu avoir un rendez-vous chez le dentiste.

. . .

C'est alors que Blake du service Développement Produit fait son entrée. Blake, qui a un jour tenté de « gamifier » le système de demande de congés payés en le transformant en classement. Aujourd'hui, il revient avec une nouvelle idée « brillante » : une initiative où les clients « gagneraient des réductions » en résolvant des énigmes quotidiennes.

Blake, les yeux écarquillés d'excitation et tenant une shake protéiné à moitié bu, déclare :

— Et si on faisait rimer tous nos e-mails d'accueil ? Comme une chasse au trésor ! Les gens adorent les énigmes.

Vous entendez quelqu'un suffoquer. C'est Marcus, le stagiaire. Il vient probablement de réaliser que Blake n'est, en fait, pas en train de plaisanter.

Puis Blake se tourne vers le tableau blanc. Dans un élan d'énergie incontrôlée, il commence à esquisser un organigramme qui ressemble étrangement à une carte de pirate. Il comporte des lignes pointillées, des chemins en boucle et un « X » surdimensionné étiqueté « Fidélité Client ». Il explique que chaque énigme résolue rapprocherait les clients de remises exclusives — « comme une chasse au trésor numérique pour l'engagement ». Vous réalisez soudain qu'il ne s'agit pas seulement d'une présentation, mais du prochain épisode de sa quête pour gamifier toute l'expérience de l'entreprise.

Vous pensez (et vous vous le dites probablement intérieurement) : *Oh là là. Encore une idée farfelue de notre génie. C'est quoi la prochaine étape, l'intégration par signaux de fumée ?*

Mais à voix haute ? Vous secouez légèrement la tête et dites :

— Concentrons-nous sur des solutions concrètes.

Blake hoche lentement la tête, puis ajoute :

— D'accord, mais si on trouvait un compromis avec la série Limerick ?

. . .

Vous buvez dans votre bouteille d'eau de façon si agressive que cela devrait mériter une plainte.

52. JE VAIS SONDER LE TERRAIN

Ce que vous voulez vraiment dire :

Personne ne se soucie vraiment de ce projet, mais je vais faire semblant de m'en occuper.

Alternative approuvée par les RH :

Je vais sonder le terrain.

Scénario :

Nous sommes mercredi, en milieu de journée. Vous êtes à votre bureau, fixant votre écran d'un regard vide, essayant de rassembler la volonté nécessaire pour faire semblant d'être occupé(e).

. . .

C'est alors que Samantha, l'autoproclamée « Chamane de l'Innovation », se matérialise dans un nuage d'huiles essentielles et d'enthousiasme mal placé.

Elle tient fermement un classeur à trois anneaux intitulé « Taxonomie Disruptive des Fichiers » comme s'il s'agissait de la fichue pierre de Rosette, et ses yeux ont cet éclat maniaque particulier de quelqu'un qui vient de découvrir le pouvoir des notes autocollantes.

— Écoutez-moi bien, dit-elle en posant brusquement un nuancier plastifié intitulé : *Feng Shui des noms de fichiers*. Et si on rebaptisait tous nos dossiers partagés pour qu'ils suscitent de la joie ? Au lieu de « Budget Annuel », on pourrait avoir... « Carnaval des Sous » ! Et « Contrats Clients » deviendrait « L'Antre des Deals » ! (Elle fait une pause, attendant que votre esprit soit soufflé.)

Vous vous ennuyez à mourir et pensez : *Samantha, personne ne se soucie de ce projet. Ni les stagiaires, ni les concierges, et même pas l'araignée de bureau qui vit derrière le ficus près de la réception. Je préférerais lécher une cartouche d'imprimante plutôt que de passer une seconde à « gamifier » les chemins de fichiers. Mais je vais faire semblant de m'en occuper pour pouvoir retourner tranquillement à mon défilement catastrophique.*

Cependant, vous ne partagez pas vos pensées. Non. Au lieu de cela, vous hochez la tête comme si vous compreniez parfaitement, même si votre cerveau vient de quitter la pièce, et vous dites :

— Wow, Samantha ! C'est... audacieux. Je vais sonder le terrain et voir ce qu'en pense la direction !

Samantha tape dans ses mains et s'en va joyeusement. Vous attendez qu'elle soit hors de vue, puis contactez immédiatement le service informatique sur Slack :

« Pouvez-vous désactiver mon accès aux drives partagés ? Pour... des raisons de sécurité. »

53. ESSAYONS DE NOUS METTRE D'ACCORD

e que vous voulez vraiment dire :

Est-ce qu'on parle seulement la même p*%tain de langue ?

Alternative approuvée par les RH :

Essayons de nous mettre d'accord.

Scénario :

Vous êtes piégé(e) dans un appel Zoom qui combine l'excitation de regarder sécher de la peinture avec la stimulation intellectuelle de lire un mode d'emploi de micro-ondes.

. . .

À l'écran, Pierre du département « Facilitation de Synergie Stratégique » (un département qui n'a vraiment pas besoin d'exister) est au milieu d'un organigramme, utilisant des mots qui ont l'air impressionnants, mais qui ne veulent absolument rien dire.

— Si nous pouvons tirer parti des synergies de notre écosystème d'idéation pour accélérer les livrables, nous pourrons impliquer les parties prenantes verticales et vraiment générer des résultats innovants.

Vous hochez la tête depuis si longtemps que votre cou a officiellement abandonné. Votre caméra est éteinte, votre micro est coupé, et vous êtes actuellement en train de rechercher « comment simuler une panne de Wi-Fi sans se faire prendre ».

Pierre fait une pause pour créer un effet dramatique.

— Donc, si vous pouviez simplement réorienter les éléments actionnables dans une présentation visionnaire proactive en utilisant les principes de l'agilité consciente, ce serait génial... ça vous va ?

Vous fixez l'écran d'un regard vide. *Est-ce du français ? Quelqu'un prend des notes ? Est-ce une blague ?*

Vous avez la forte tentation de dire : *Pierre, est-ce qu'on parle seulement la même p*%tain de langue ? J'ai vu des messages de fortune cookies avec plus de substance que cette réunion.*

Mais ce que vous dites réellement, avec l'enthousiasme d'un otage lisant une demande de rançon, c'est :

— Un instant, Pierre. Essayons de nous mettre d'accord. Peut-être pourrions-nous simplifier l'approche ?

Pierre hoche la tête et dit :

— Parfait ! Je vais socialiser une feuille de route pilote bêta et revenir avec un cadre de leadership de pensée disruptif !

. . .

À la fin de la réunion, vous vous retrouvez à penser : *Est-ce que « cadre de leadership de pensée » est juste un code pour « j'ai inventé ça sous la douche » ?*

54. PUIS-JE OBTENIR DES PRÉCISIONS SUR LE PÉRIMÈTRE SI NOUS ALLONS FAIRE DES AJUSTEMENTS ?

Ce que vous voulez vraiment dire :

Arrête de changer d'avis toutes les deux minutes, bordel.

Alternative approuvée par les RH :

Puis-je obtenir des précisions sur le périmètre si nous allons faire des ajustements ?

Scénario :

C'est lundi matin, et vous avez déjà mis à jour trois fois la présentation client avant même que votre ordinateur portable ait fini de se synchroniser. Assise en face de vous dans la salle de conférence, Eliza, la vice-présidente de « l'Alignement Créatif », a changé la direction de ce projet tellement de fois qu'il peut désormais être qualifié de phénomène météorologique.

Vendredi, elle le voulait audacieux et percutant. Dimanche (oui, elle vous a envoyé un e-mail un dimanche), il s'agissait de « minimalisme et luxe discret ». Maintenant, au cours de cette réunion de 9 heures, elle brandit un tableau d'ambiance rempli d'images de nuages et murmure :

— Je ressens quelque chose de plus... *élémentaire*. Genre, moins de structure, plus de sensation.

Vous avez refait cette présentation tellement de fois que vous commencez à oublier quel était son sujet initial. Et pourtant Eliza, un smoothie dans une main et une énergie créative sans limites dans l'autre, continue :

— En fait, revenons à la première version... mais fusionnons-la avec des éléments de la troisième... et peut-être rendons le tout vertical ? Et changeons la palette pour un « crépuscule doux », vous savez, cette sensation entre un soupir léger et le moment avant qu'une pensée ne se forme ?

Vous avez une envie irrépressible de donner un coup de tête dans le tableau blanc et de dire :

— Arrête de changer d'avis toutes les deux minutes, bordel. L'historique de mes Google Slides commence à ressembler à une scène de crime !

Mais à la place, vous inspirez et poussez le soupir le plus profond de votre vie, puis répondez :

— Puis-je obtenir des précisions sur le périmètre si nous allons faire des ajustements ?

Eliza hoche la tête avec enthousiasme, complètement inconsciente que votre formulation polie n'est en réalité que la version adulte de hurler dans un oreiller.

55. CE N'EST PAS UN MAUVAIS DÉBUT, MAIS JE PENSE QUE ÇA MÉRITE QUELQUES AJUSTEMENTS. REVOYONS-LE ENSEMBLE

Ce que vous voulez vraiment dire :

C'est quoi ce bordel, putain ?

Alternative approuvée par les RH :

Ce n'est pas un mauvais début, mais je pense que ça mérite quelques ajustements. Revoyons-le ensemble.

Scénario :

Il est 16 h 57 un jeudi, et vous êtes à trois minutes de pouvoir faire défiler sans culpabilité des locations de vacances.

. . .

Cependant, vous recevez une notification Slack de Callum, l'analyste junior qui a un jour fièrement déclaré qu'Excel était « un peu comme Canva, non ? »

Contre votre meilleur jugement, vous ouvrez le fichier qu'il a envoyé – un rapport qui ressemble moins à un résumé de performance trimestriel et plus à un projet de groupe de lycée assemblé à la va-vite la veille de la date limite.

Les graphiques en bâtons n'ont pas d'étiquettes. Le graphique circulaire a d'une certaine manière huit tranches pour quatre catégories.

Et au lieu de chiffres précis, il a écrit « beaucoup » à côté des revenus et « pas top » sous les dépenses. Il y a même un émoji de fusée à côté des projections du T3.

Vous vous frottez les tempes en relisant la diapositive intitulée *Réussites trimestrielles*. Il n'y a aucune réussite. Le document est un tel désastre qu'il devrait être accompagné d'un triangle d'avertissement jaune vif et d'un effet sonore de sirène.

. . .

Vous êtes pétrifié(e) – et pas d'admiration. Votre premier instinct est de dire :

— C'est quoi ce bordel, putain ?

Mais vous vous rappelez que vous êtes une personne professionnelle, alors vous canalisez chaque goutte de patience professionnelle dans votre âme et commentez :

— Ce n'est pas un mauvais début, mais je pense que ça mérite quelques ajustements. Revoyons-le ensemble.

Callum, visiblement fier de son chef-d'œuvre visuel, répond :

— Ah super ! Je n'étais pas sûr si la fusée était de trop.

Vous souriez, les dents serrées, et murmurez :

— Oh non, Callum. La fusée est parfaite. Lançons-nous... directement dans les modifications.

56. J'AI DU MAL À COMPRENDRE VOTRE LOGIQUE. POURRIEZ-VOUS M'EXPLIQUER LE RAISONNEMENT QUI SOUS-TEND CETTE IDÉE ?

Ce que vous voulez vraiment dire :

Avez-vous perdu la tête ? C'est complètement dingue.

Alternative approuvée par les RH :

J'ai du mal à comprendre votre logique. Pourriez-vous m'expliquer le raisonnement qui sous-tend cette idée ?

Scénario :

C'est lundi matin, et vous essayez encore de dissiper le brouillard du week-end, quand Liam du service marketing fait irruption dans la réunion d'équipe avec le genre d'énergie que seule une personne qui microdose le chaos peut posséder.

Avec un sourire aux lèvres, il plaque un moodboard plastifié sur la table comme s'il venait d'inventer l'eau chaude.

— Nouvelle idée de campagne, annonce-t-il fièrement. On rebaptise notre application de planification financière... en gourou du style de vie. Genre, budgétisation émotionnellement intelligente. On donne un nom à l'application, comme Tom. Tom vous aide à ressentir vos finances.

Vous clignez des yeux. Fortement. Vous ne savez pas ce qui est le pire : l'idée elle-même ou le fait que la diapositive de présentation montre un personnage de dessin animé en petit blazer faisant un pouce en l'air.

Le slogan ? Tom (l'application, notez bien) dit : « N'achète pas ce latte, champion. Investis en toi-même. »

. . .

Vous retenez à la fois votre fou rire et l'envie de demander :

« Avez-vous perdu la tête ? C'est complètement dingue. »

Mais au lieu de cela, avec l'élégance de quelqu'un qui a déjà combattu dans les tranchées des brainstormings d'équipe, vous dites :

— J'ai du mal à comprendre votre logique. Pourriez-vous m'expliquer le raisonnement qui sous-tend cette idée ?

Liam s'illumine comme un sapin de Noël.

— Absolument ! Donc la génération Z est sensible à la validation émotionnelle, n'est-ce pas ?

Tom est cette validation.

Vous hochez lentement la tête tout en rédigeant mentalement votre lettre de démission et en vous demandant si Tom peut vous apporter un soutien émotionnel pendant cette réunion.

57. JE SUIS À PLEINE CAPACITÉ SUR MES PROJETS ACTUELS. SOUHAITEZ-VOUS PLUTÔT QUE JE REVOIE MES PRIORITÉS ?

Ce que vous voulez vraiment dire :

Je ne peux plus faire cette put*%n de mer*e. Je croule sous le travail.

Alternative approuvée par les RH :

Je suis à pleine capacité sur mes projets actuels. Souhaitez-vous plutôt que je revoie mes priorités ?

Scénario :

Vous essayez de finaliser trois présentations, d'approuver deux factures et de vous rappeler quand vous avez mangé un légume pour la dernière fois. Mais juste au moment où vous allez fermer votre ordinateur portable pour aller pleurer sous la douche, Jasmine du département des Opérations s'approche avec un dossier étiqueté « URGENT » (mais bizarrement pas urgent jusqu'à maintenant).

— Salut ! Petit truc rapide, gazouille-t-elle en vous tendant ce qui ressemble à 40 pages de tableaux et de chaos. Pourrais-tu t'en occuper d'ici la fin de journée ? Ça ne devrait pas prendre plus de quelques heures !

Vous la regardez comme si elle venait de vous demander de reconstruire la Tour Eiffel à l'aide de formules Excel.

Vous êtes au bord de la crise de nerfs et voulez dire :

« Je ne peux pas faire cette put*%n de merde. Je croule sous le travail. »

Mais à la place, avec le rire creux de quelqu'un qui ne tient que grâce à la caféine et un calendrier Outlook défaillant, vous dites :

. . .

— Je suis à pleine capacité sur mes projets actuels. Souhaites-tu plutôt que je revoie mes priorités ?

Jasmine cligne des yeux.

— Oh ! Je ne savais pas que tu étais si occupé ! dit-elle en reculant comme si vous étiez un raton laveur sauvage qui en a eu assez.

Vous hochez la tête, souriez, et retournez à votre écran où le curseur clignote en vous jugeant silencieusement.

58. REPORTONS CETTE DISCUSSION À PLUS TARD

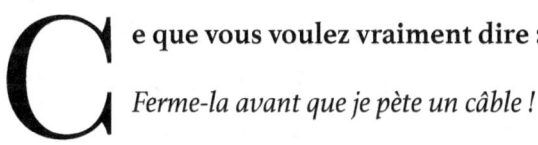

Ce que vous voulez vraiment dire :

Ferme-la avant que je pète un câble !

Alternative approuvée par les RH :

Reportons cette discussion à plus tard.

Scénario :

Il est 9 h 00. Vous êtes dans une réunion Teams et vous essayez de garder une attitude positive, mais Alice du service Marketing n'arrête pas de parler. Cela fait déjà cinq minutes qu'elle s'est lancée dans un monologue sur la nécessité pour l'équipe d'avoir « une stratégie de code QR qui exploite la raison d'être supérieure de la marque ».

Personne n'a rien demandé. Personne ne comprend même ce qu'elle raconte. C'est comme une soupe de mots corporate, et d'une manière ou d'une autre, elle cite des articles qu'elle a lus à moitié et interrompt chaque fois que quelqu'un d'autre ouvre la bouche.

Vous essayez d'intervenir avec quelque chose d'utile, mais Alice vous dépasse en force, pivotant maintenant vers les chakras et un article de Business Mindset Monthly (qui n'existe peut-être même pas).

Vous serrez la mâchoire si fort que vos molaires commencent à vibrer. Vous avez de vraies échéances, des problèmes concrets, et la voix d'Alice n'est plus que du jazz corporate dans votre conduit auditif.

Vous êtes sur le point de craquer :

« Ferme-la avant que je pète un câble, Alice ! »

. . .

Au lieu de cela, vous canalisez chaque once de paix intérieure et dites :

« Reportons cette discussion à plus tard. »

Ce qui signifie vraiment : *Si tu prononces « alignement de la marque » encore une fois, je vais imploser sur cette chaise pivotante.*

Alice sourit fièrement, pensant qu'elle a apporté une réelle valeur. Vous coupez votre micro et envisagez sérieusement de changer de carrière pour élever des chèvres professionnellement.

59. JE COMPRENDS QU'IL Y A EU QUELQUES DIFFICULTÉS, MAIS CONCENTRONS-NOUS SUR DES SOLUTIONS PRATIQUES QUI FONT AVANCER LES CHOSES

Ce que vous voulez vraiment dire :

J'en ai assez de tes excuses à la con.

Alternative approuvée par les RH :

Je comprends qu'il y a eu quelques difficultés, mais concentrons-nous sur des solutions pratiques qui font avancer les choses.

Scénario :

C'est jeudi, et Kyle débarque encore une fois à la réunion avec l'énergie d'un cerf pris dans les phares d'une voiture. Il a sa phrase toute prête, comme d'habitude :

— Ouais, je n'ai pas eu le temps de finir la présentation parce que le Wi-Fi de mon Airbnb à Tulum était super capricieux.

Vous résistez à l'envie de lever les yeux au ciel. C'est la troisième semaine consécutive que Kyle sort une excuse qui ressemble à un tirage de Mad Libs :

— Je n'avais pas accès à mon Google Drive... mon chien a mâchouillé mon câble de chargeur... Mercure est en rétrograde...

Pendant ce temps, vous et le reste de l'équipe avez porté ce projet à bout de bras comme s'il s'agissait de l'épreuve finale de *Ninja Warrior : Édition Entreprise*. Tout le monde est fatigué. Tout le monde en a marre. Kyle, quant à lui, n'est qu'à un « problème technique » de remporter le prix de l'employé du mois – pour le moins d'efforts avec le plus de mots.

Vous avez la tentation de dire :

— J'en ai assez de tes excuses à la con.

. . .

Mais vous ne le faites pas. Ce que vous dites vraiment c'est :

— Je comprends qu'il y a eu quelques difficultés, mais concentrons-nous sur des solutions pratiques qui font avancer les choses.

Signification ? *Ce n'est pas ton ordinateur qui t'a laissé tomber, c'est ton éthique de travail. Ressaisis-toi avant que je perde toute envie de vivre.*

Kyle hoche solennellement la tête, puis propose immédiatement de repousser la date limite.

Vous souriez les dents serrées et ajoutez silencieusement « Wi-Fi de Tulum » à la liste croissante des raisons pour lesquelles vous aurez besoin d'une thérapie.

60. À L'AVENIR

Ce que vous voulez vraiment dire :
Ne me cherche plus.

Alternative approuvée par les RH :
À l'avenir.

Scénario :

C'est dimanche après-midi. Vous êtes au supermarché, essayant de survivre au chaos et peut-être de dénicher quelques snacks en promotion. Vous êtes enfin dans la file de caisse quand Karen du service Comptes clients –

oui, *Karen du travail* – surgit de nulle part, serrant une miche de pain sans gluten et de mauvaises idées.

— Oh, salut ! gazouille-t-elle. Une question rapide : as-tu pensé à utiliser les modèles du client au lieu des tiens ? Les tiens auraient besoin, genre... d'alignement.

Vous clignez des yeux. Pas ici. Pas maintenant. Vous avez défendu ces modèles toute la semaine, et maintenant Karen, en plein milieu des courses, veut revenir là-dessus devant les petits pois surgelés.

Vous voulez vraiment juste lui dire :

— Karen. Ne me cherche plus. J'ai expliqué environ 500 fois cette semaine que les modèles sont parfaits. Je ne suis pas là pour recevoir des commentaires ou des conseils de vie non sollicités. Laisse-moi acheter mes snacks en paix avant que je ne perde mon sang-froid dans le rayon des surgelés !

Au lieu de cela, vous optez pour :

· · ·

— À l'avenir, assurons-nous d'être clairs sur le processus de feedback concernant les modèles. De cette façon, nous pourrons éviter de revenir sans cesse sur les mêmes décisions.

Vous espérez secrètement qu'elle interprétera vos paroles ainsi : *Karen, je t'en supplie. Arrête de me harceler avec ces histoires de modèles. Engageons-nous tous à laisser mes modèles – et ma santé mentale – tranquilles.*

Et que fait-elle ? Elle sourit comme si vous veniez d'accepter une réunion à 7 heures du matin et poursuit :

— Absolument ! Tout à fait d'accord. Je pense que les modèles peuvent vraiment évoluer si nous collaborons plus étroitement dessus !

Vous lui adressez un sourire crispé, marmonnez poliment « super », et passez frénétiquement votre carte à la caisse.

. . .

Mais, bien sûr, alors que vous attrapez vos sacs et sprintez vers la sortie, Karen vous lance :

— Oh hé, peut-être qu'on pourrait revenir sur les modèles demain matin !

MERCI D'AVOIR LU CE LIVRE

J'espère vous avoir fait rire au moins une fois :)

Je vous serais infiniment reconnaissant si vous pouviez prendre juste 30 secondes pour me laisser un commentaire ! Les avis sont essentiels pour la subsistance d'un auteur et étonnamment difficiles à obtenir.

Plus mes livres reçoivent d'avis, plus je peux continuer à poursuivre ma passion pour la création de livres. Si vous avez des réflexions concernant ce livre, n'hésitez pas à laisser un commentaire pour les partager avec moi.

- Sam

www.ingramcontent.com/pod-product-compliance
Lightning Source LLC
Chambersburg PA
CBHW052019070526
44584CB00016B/1818